나의 첫
생성형 AI
마케팅 수업

나의 첫 생성형 AI 마케팅 수업

초판 1쇄 인쇄 2025년 2월 15일
초판 1쇄 발행 2025년 2월 25일

지은이 노준영

대표·총괄기획 우세웅
경영관리 고은주
책임편집 한홍
콘텐츠기획·홍보 김세경
북디자인 이유진

종이 페이퍼프라이스㈜
인쇄 (주)다온피앤피

펴낸곳 슬로디미디어
출판등록 2017년 6월 13일 제25100-2017-000035호
주소 경기도 고양시 덕양구 청초로66, 덕은리버워크 A동 15층 18호
전화 02)493-7780 | **팩스** 0303)3442-7780
홈페이지 slodymedia.modoo.at | **이메일** wsw2525@gmail.com

ISBN 979-11-6785-245-8 (03320)

마케터의 시각으로 쓴 생성형 AI 마케팅 활용법

나의 첫 생성형 AI 마케팅 수업

노준영 지음

슬로디미디어

들어가며

마케팅, 혼자 고민하는 시대의 종말

마케팅 업무를 처음 시작하던 때가 기억난다. 마케팅이 어떤 일인지 모르는 건 아니었지만, 업무는 처음이었다. 안타깝게도 나의 미숙함에 조언을 더해줄 선배, 일명 '사수'가 없었다. 그 전에 방송 작가를 처음 시작할 때도 그랬다. 사회생활을 하며 나의 실수를 바로잡아줄 누군가가 필요한 순간에 늘 아무도 없었다.

그래서 하나씩 직접 부딪쳐야 했다. 공부를 통해 얻은 지식을 시험해보고, 그것에 나만의 이야기를 더하는 작업이 필요했다. 말은 쉬워 보이지만, 과정은 험난했다. 수없이 많은 돈을 광고비로 소진했고, 수많은 실패를 경험하며 대중이 좋아하는 것과 싫어하는 것을 골라냈다. 또한 마케팅 콘텐츠도 여러 가지 방향으로 준비해 대중의 반응을 체크했고, 1안부터 10안까지 작성하며 수많은 콘텐츠를 만들었다. 이 과정을 거쳐 지금까지 온 나 자신을 칭찬하고 싶을 정도다.

그러나 내가 겪은 것처럼 어려움을 경험할 사람들의 숫자는 앞으로 계속 줄어들 것이다. 바로 생성형 AI의 등장 덕분이다. 생성형 AI는 그야말로 게임 체인저(game changer)다. 일상에서 느끼는 불편을 크게 줄였고, 업무의 생산성은 획기적으로 끌어올렸다. 모든 업무 분야에서 생성형 AI가 큰 역할을 하지만, 특히 마케팅에서 생성형 AI의 역할은 상당한 존재감을 드러낸다. 생성형 AI가 사수의 역할을 하거나, 함께 마케팅 업무를 수행하는 파트너가 되어주기 때문이다. 외로움은 없다. 생성형 AI와 대화하면 고민의 시간이 줄어든다. 업무는 좀 더 빠르게 이루어지고, 더 다양한 분야에 신경 쓸 수 있다. 실수해도 상관없다. 실수에 뒤따르는 반응을 수집하고, 나중에 마케팅 프로젝트에 반영할 것이기 때문이다. 애초에 생성형 AI는 실수를 줄여주는 역할을 하기도 한다. 그러므로 생성형 AI만 있으면 마케팅이 훨씬 더 잘 풀린다.

문제는 생성형 AI에 물어보고 답을 얻는다고 해서 일이 끝나는 게 아니라는 것이다. 이렇게 단순하고 명료하면 참 좋겠지만, 모든 일은 전략과 방향성이 있듯 생성형 AI를 마케팅에 활용하는 방식 역시 전략과 방향성이 필요하다. 무턱대고 물어도 생성형 AI는 답을 해주지만 이렇게 얻은 답은 평이하고 재미없는 해결책이 될 가능성이 높다. 그러니 생성형 AI를 잘 활용할 수 있는 방안을 알아야 혼자 고민하는 마케팅을 그만할 수 있다.

이 책의 시작은 평범하지만 중요한 사실에서 출발했다. 현장 강의를 통해 만난 많은 사람이 생성형 AI에 대해서는 잘 알고 있었지만, 정작 활용 방안은 잘 몰라 의미 없는 질문만 반복했다. 그러니 원하는 답을 얻지 못해 생성형 AI를 평가 절하하거나, 뻔한 식으로 활용하는 잘못을 저지른다. 이런 안타까운 상황을 보고 생성형 AI 마케팅에 대해 체계적인 활용 방향성을 정리해야겠다고 생각해서 이 책을 썼다.

생성형 AI는 지속적으로 학습하고 방대해진다. 따라서 모든 내용을 다룰 순 없겠지만, 최소한 생성성 AI를 활용한 마케팅 사례와 실무 활용에 대한 통찰은 충분히 제공할 수 있으리라 생각한다. 특히 1부에서 소개하는 트렌드와 사례 분석을 먼저 소화하고, 이를 바탕으로 2부의 실무 활용 파트를 직접 따라 하며 익히면 탄탄한 지식이 더 나은 실무로 이끌어줄 것이다.

생성형 AI가 많은 걸 말하는 시대지만, 의미 있는 책의 내용에는 여전히 사람이 관여한다. 이 책이 나오기까지 도움을 준 모든 분께 감사의 말을 전하며, 생성형 AI를 활용한 마케팅에 대해 자신만의 통찰을 탄탄하게 쌓아 올릴 수 있길 기원한다.

노준영

차례

2장

왜 생성형 AI 마케팅인가?

3장

새로운 마케팅 시대의 개막, 생성형 AI 마케팅 어떻게 활용하고 있나?

4장

AI를 알면 마케팅이 바뀐다, 생성형 AI 마케팅 전략은 어떻게 잡아야 하나?

2부.

생성형 AI 마케팅, 실무에서 앞서가는 법

5장

생성형 AI 마케팅: 브랜딩

1부.

생성형 AI 마케팅, 새로운 시대의 시작

생성형 AI,
도대체 무엇인가?

생성형 AI, 알고 보면 공부 잘하는 파트너?

생성형 AI를 시연하던 모 회사의 프레젠테이션이 문득 생각난다. 생성형 AI를 통해 할 수 있는 작업을 쭉 보여주며 관심을 모았는데, 탄성이 나올 정도로 새로운 기능이 많았다. 그간 우리가 고민하던 많은 업무를 생성형 AI는 단 몇 초 만에 끝내곤 했다. 전 세계의 이목이 쏠린 건 당연한 일이다. 마치 아이폰과 갤럭시 시리즈를 처음 공개하던 때와 맞먹는 충격이 아니었나 싶다. 일반적인 핸드폰에서 스마트폰으로 넘어올 때의 설렘을 다시금 느끼며 생성형 AI의 시대에 접어들었다.

생성형 AI 이슈를 전 세계로 쏘아 올린 주인공은 오픈

AI다. 챗GPT를 선보인 바로 그 회사다. 다만 화려한 이슈에 매몰되어 정작 본질을 놓치는 것은 아닌가 싶어서 우선 생성형 AI의 개념을 명확히 한 후 시작하려 한다.

생성형 AI는 일반적으로 사용자가 입력하는 프롬프트(명령)에 맞춰 이미지, 텍스트, 검색 결과 등을 제시하는 인공지능을 말한다. 일반적인 AI는 데이터를 분석하는 데 초점이 맞춰져 있다. 예전에 사용하던 AI 스피커를 생각하면 이해가 쉽다. AI 스피커는 스스로 무언가를 생성하는 능력은 없다. 대신 사용자의 음성 프롬프트에 맞춰 웹상에 존재하는 자료를 검색해 우리가 물어본 시점에 맞춰 알려준다. 이렇듯 기존에 활용한 AI는 상대적으로 단순했다. 방대한 정보를 검색하는 것이긴 하지만, 정보의 수준이 다소 단순하다는 뜻이다. 게다가 AI 스피커는 사용자의 말을 잘 알아듣지 못해 엉뚱한 답변을 하기 일쑤였고, 단순한 문답만 하니 금방 흥미가 사라졌다.

하지만 생성형 AI는 다르다. 앞서 지적한 대로, 생성형 AI는 기존 데이터를 분석하기도 하지만 새로운 콘텐츠를 만드는 데 주력한다. 그러니 AI와 대화를 나눌 수 있는 것이다. 새로운 콘텐츠를 만들 수 없다면 단순한 문답에 그칠 테니 대화가 이어질 수 없다. 하지만 콘텐츠를 만들면 대화가 이어질 것이다. 사용자의 프롬프트에 맞춰 새로운 대답을 준비하기 때문이다. 그래서 생성형 AI와의 대화는 흥미롭다. 오랜 시간 대화할수록 더 많은 정보를 얻어낼 가능성도 있다. 그만큼 생성형 AI는 창조에 능하다.

이런 변화는 딥러닝 덕분에 가능해졌다. 딥러닝이란 말 그대로 학습을 뜻한다. 단순히 검색하는 게 아니라 학습한다. 딥러닝을 통해 더 나은 콘텐츠를 생성하기 위해 공부하는 것이다. 그러니 오늘 내놓은 답과 내일 내놓을 답이 달라지기도 한다.

AI와 연관된 학습이란 패턴을 의미할 수도 있다. 패턴은 습관 또는 징후라고 할 수 있다. 예를 들면 기업은 각종 지표를 가지고 있는데, 이 지표를 통해 기업의 미래 가능성을 판단하거나 기업이 가진 위험성을 가늠한다. 기업이 위험해질 때 나타나는 다양한 패턴을 AI에 알려주면, AI는 기업의 CEO에게 위험 상황을 빠르게 경고해줄 것이다. 그러면 전략을 빠르게 수정할 수 있을 테니 위기의 순간을 슬기롭게 이겨내는 데 도움이 될 것이다.

이뿐만이 아니다. AI를 적극적으로 도입하고 있는 금융권은 딥러닝을 바탕으로 완전히 새로운 서비스를 제공하기 시작했다. 특히 AI 은행원 분야에서는 딥러닝이 큰

AI 은행원은 딥러닝을 만나 좀 더 '은행원'다워질 수 있다.(출처: 딥브레인 AI, 신한은행)

역할을 한다. AI 은행원에 은행의 각종 금융 서비스를 학습시키면 실제 은행원처럼 설명할 수 있다. 생성형 AI이므로 단순히 학습한 금융 서비스를 나열하는 데 그치지 않는다. 평면적인 학습으로는 고객에게 응대할 수 없는데, AI가 새로운 기회를 제공한 것이다.

고객은 다양한 감정으로 금융 서비스를 대한다. 개인적인 성공을 뒷받침해줄 금융 서비스를 찾거나, 절박한 상황에서 자신을 도와줄 금융 서비스를 간절하게 원하는 등,

금융 서비스를 찾으며 표출하는 감정이 다를 수 있다. 사람이라면 상대방의 감정이나 상황을 읽고 대응할 수 있지만, AI 은행원은 사실상 불가능하다. 하지만 딥러닝이 적용되면 발화 의도에 따른 감정을 학습하므로, 음성 높낮이에 따른 평균적인 감정이나 목소리 크기에 따른 정보를 학습할 수도 있다. 이렇게 학습한 자료에 따라 고객의 감정을 판단한다. 감정 판단에 따라 고객을 응대하면, 그야

단순한 CCTV만 떠올리는가? 이제는 지능형 CCTV 시대다.

말로 진짜 은행원을 대신할 것이다.

CCTV에도 딥러닝이 적용되면 달라진다. AI가 적용되면, CCTV를 통한 관제 업무를 자동화할 수 있다. 물론 관제 활동 이후 발생하는 다양한 반응 및 기타 업무는 반드시 사람이 해결해야겠지만, 그렇지 않은 단순 업무는 AI에 맡길 수 있다.

여기에 생성형 AI가 더해지면 지능형 CCTV가 된다. 대부분의 지자체와 기업에서 도입을 서두르고 있는 개념 중 하나로, 딥러닝 알고리즘을 통해 선별 관제 시스템을 적용할 수 있다. 예를 들면 음주 상태에서 운전하는 운전자라면 분명 똑바로 운전하지 못하고 좌우로 비틀거린다거나, 제대로 반응하지 못할 가능성이 높다. 이런 다양한 징후를 생성형 AI가 학습하고 학습한 상태의 징후를 발견하면 바로 관제요원이 모니터링할 수 있도록 돕는다. 관제 화면은 너무 많아서 사람이 동시에 확인하기 쉽지 않다. 하지만 생성형 AI가 적용된 지능형 CCTV는 집중해야 할 곳을 찾아 사람이 지켜볼 수 있게 도와준다. 게다가 딥러닝을 통해 더 많은 자료를 학습하면, 앞으로 발생할 새로운 위험 상황에도 즉각 대응할 수 있다. 이것이 단순 AI와 생성형 AI의 가장 큰 차이다.

물론 세상을 바꾸는 생성형 AI와 딥러닝 기술에도 단점은 있다. 자료를 학습하는 데 명확한 기준이 없다 보니 필연적으로 저작권 침해 문제가 생긴다. 생성형 AI를 학습시키는 데 A는 학습하고 B는 학습하지 말라는 식으로 학습 범위를 가르는 경우가 많다. 그런데 일단 범위가 설정되면, 그 범위 안에서 또다시 기준을 적용하기가 쉽지 않다. 그러니 범위에 해당하면 저작권에 대한 고민은 하지 않고 일단 수집하고 본다. 그래서 문제가 생긴다.

또한 사기와 기만에 대한 문제도 있다. 딥러닝을 통해 누군가의 목소리를 지속적으로 학습하면 목소리와 말투를 그대로 흉내 낼 수 있다. 그러면 사기 범죄에 악용될 가능성이 크다. 실제로 진화하는 보이스피싱의 일부를 담당하고 있는 게 바로 생성형 AI와 딥러닝이다. 꼭 목소리가 아니라도 영상과 같은 플랫폼에 활용될 가능성도 있기 때문에 늘 유의해야 한다.

또 가짜 정보를 만들어내고 유포하는 데도 생성형 AI와 딥러닝이 활용된다. 잘못된 정보를 지속적으로 학습하면, 당연하게도 잘못된 방향의 정보를 표출해 대화한다. 이런 식으로 신뢰성이 떨어지는 정보를 계속해서 송출한다면, 웹에서 만나는 정보는 질이 떨어질 수밖에 없다.

사실 모든 기술은 명암이 있다. 앞으로 발전에 따라 더 많은 문제를 마주할 수도 있다. 하지만 문제를 해결하고 더 긍정적인 미래를 만들어내는 게 우리의 역할이 아닐까?

AI

챗GPT만 있는 건 아니다?

생성형 AI라고 하면 가장 먼저 떠올리는 게 챗GPT다. 가장 많이 알려져 있고 활용하는 생성형 AI다. 사실 생성형 AI 열풍을 불러온 주인공도 챗GPT였다. 하지만 생성형 AI에 챗GPT만 있는 건 아니다. 2장에서 더 많은 실무형 플랫폼을 소개하겠지만, 대표적인 플랫폼 몇 가지를 살펴보자.

가장 가깝게 만날 수 있는 것이 코파일럿이다. 코파일럿은 마이크로소프트에서 제공하는데, 윈도우를 운영체제로 쓰고 있다면 챗GPT에 굳이 접속하지 않아도, 작업표시줄에서 찾아 클릭하면 코파일럿과 대화를 시작할 수 있다. 나도 모바일 환경에서는 주로 챗GPT를 활용하지만, PC나 노트북으로 작업할 때는 코파일럿을 사용하는 편이다. 다만 오픈AI의 GPT 모델을 활용했기 때문에 챗GPT와 완전히 다른 것으로 봐야 할지는 의문이 있다. 하지만 GPT 모델을 활용해 마이크로소프트가 자신들만의 방식으로 선보인 생성형 AI인 만큼 다르다고 봐야 할 것이다.

코파일럿은 최신 정보를 찾아 제공하므로 시의성 측면에서 강점을 지닌다. 생성형 AI에 전적으로 응답을 맡길 수도 있지만, 원하는 방향이 있다면 지정할 수도 있다. 무엇보다 독창성을 인정할지 여부를 정할 수 있다. 질문에 대한 대답을 창조적인 관점에서 답하게 할 수 있지만, 그렇다고 해서 가공의 답변은 아니다. 정보를 조합해 좀 더 생산적으로 만들어내는 것이다. 한편 정확성을 원한다면 독창성을 인정하지 않을 수 있다. 역사적 인물에 대한 검색이 필요하다면 이 인물의 생애를 가능한 한 정확히 알고 싶을 것이다. 이럴 때는 생성형 AI의 창의력보다는 정확한 답변이 필요하다.

또한 마이크로소프트의 특성상 엑셀, 워드, 파워포인트 같은 오피스 프로그램과 연계해서 사용할 수 있다. 대표적으로 워드는 문서 작업을 할 때 많이 사용하는데, 워드에서의 활용 방향성은 2부에서 언급할 생성형 AI 마케팅 활용과도 밀접한 연관이 있다. 코파일럿은 워드에서 각종 초안을 작성하는 데 도움을 줄 수 있어서 어떤 종류의 문서든 작성하고 요약한다. 요약할 때도 방향성을 설정할 수 있어서 요약을 어디에 활용할지에 따라 다양하게 활용할 수 있겠다.

무엇보다도 코파일럿의 강점은 '출처'다. 생성형 AI는 태생적으로 저작권 문제가 있다. 출처 명기가 모든 문제를 해결하진 못하지만, 출처를 모른 채 자료를 활용하는 것보다는 낫다. 출처를 일일이 직접 찾아 밝히는 게 아니라, 생성형 AI가 직접 제공한다면 편리하고 활용도가 높다.

이렇듯 장점이 많지만, 대화를 나누는 방식에서는 제한적인 부분이 많아서 챗GPT보다 아쉽다. 하지만 마케팅 업무에 필요한 자료 정리 등을 오피스 프로그램을 활용해 자주 진행한다면 코파일럿이 도움이 될 것이다.

네이버가 서비스하는 Cue:(이하 큐)도 대표적인 생성형 AI로, 네이버에서 개발한 '하이퍼클로바X'라는 언어 모델을 기반으로 한다. 큐는 강점이 꽤 많다. 일단 네이버가 보유한 쇼핑, 지식, 블로그 등 다양한 서비스와의 연결성이 좋아서, 이런 서비스와의 연결을 통해 사용자가 바로 접근하거나 실행할 수 있는 선택지를 제시한다. 포털이 아닌 서비스에서는 실행하기 어려운 퍼포먼스다.

예를 들어 처음 가는 지역에서 가장 맛있는 한식집을 찾는다고 하자. 생성형 AI에 그 지역의 한식 맛집을 물어보면, 자신들이 수집한 정보 범위에서 대답한다. 큐 역시 마찬가지지만, 네이버에는 스마트플레이스를 연계한 예약, 리뷰 등의 정보가 많아서 이런 정보까지 연결해준다. 즉, 네이버가 운영하는 서비스가 답변의 질을 높여주는 셈이다. 또한 큐는 한국어 검색 및 대화에 최적화되어 있다. 네이버에 있는 수많은 한국어 데이터를 기반으로 하기 때문이다.

하지만 강점만 있는 건 아니다. 큐는 다른 생성형 AI에 비해 답변이 다소 부실할 때가 많다. 그래서 알고 싶었던 정보에 대한 대답이긴 하지만 그 내용과 깊이가 기대했던 만큼은 아니라고 말하는 사람이 적지 않다. 다양한 적용 방식을 찾다 보니 발생하는 문제일 수 있으니, 시간이 지나며 더 많은 정보를 학습하면 나아질 것이다.

네이버의 다른 서비스에 연결할 때도 아쉬운 점은 있다. 상거래와 관련된 검색에서는 마케팅 활동이 치열해서 검색 시 좀 더 먼저 나오기 위해 경쟁한다. 하지만 생성형 AI의 답변은 마케팅 경쟁을 통해 만들어진 정보가 아니라, 사용자의 질문 의도에 맞는 답이어야 한다. 마케팅 내용을 그대로 드러내면 사용자의 의도나 생각과는 관련없는 답변이 검색되는 경우가 많으니, 장기적 관점에서 다양한 업데이트와 보완이 필요할 것으로 보인다.

또 다른 생성형 AI로는 제미나이(Gemini)가 있다. 구글과 딥마인드가 개발한 생성형 AI 모델로, 앱을 통해 바로 접근할 수 있다. 제미나이를 이해하기 위해서는 '멀티모달'이라는 개념을 알아야 한다. 멀티모달이란 텍스트, 음성, 영상 등과 같은 다양한 데이터를 함께 처리하는 것으로, 다양한 데이터를 함께 처리해 연관성을 찾아내 결과를 도출하는 것이다. 예를 들어 영화에는 영상과 음성 및 자막 데이터가 있다. 이 데이터가 함께 처리되며 우리가 소비할 수 있는 영화의 형태가 된다. 만약 영상과 음성, 자막이 따로 처리되면 주인공의 연기와 음성이 따로 놀 테고, 자막이 따로 출력되면 도통 무슨 내용인지 알 수 없을 것이다. 제미나이는 멀티모달에 최적화된 생성형 AI로, 처음부터 멀티모달을 처리한다. 게다가 초대형 플랫폼인 구글을 배경으로 하므로 데이터 양은 압도적이다.

하지만 제미나이도 완벽한 건 아니다. 의외로 다국어에 대한 적응력이 다소 떨어진다. 특정 언어에 대해서는 특히 번역의 질이 떨어지기도 한다. 전 세계적으로 사용되는 구글을 배경으로 하면서도 이런 약점을 가지고 있다는 건 다소 아이러니하다.

한편 코딩 능력이 아쉽다는 평가도 있다. 구글은 제미나이가 코딩 능력이 뛰어나다고 주장했지만, 실제 시연에서는 챗GPT보다 못한 모습을 보였다. 요약할 때도 문제가 있는데, 이는 제미나이에 적용되는 높은 수준의 필터링 때문이다. 생성형 AI는 다양한 자료를 랜덤하게 수집해서 활용하다 보니 부정적이거나 민감한 정보까지 가감 없이 사용하면서 문제를 일으켰다. 이를 해결하기 위해 제미나이는 자체적인 필터링 시스템을 만들었다. 다만 지나치게 필터링하다 보니 때로는 자료 표출 및 요약이 다소 어색해지곤 한다. 그래서 검색 자료의 요약은 챗GPT나 코파일럿이 낫다고 평가하는 사람들도 있다. 어쨌든 생성형 AI의 문제를 해결하는 과정에서 발생한 문제라 앞으로 지속적인 보완이 필요해 보인다.

놀라운 적응력,
생성형 AI는 만능열쇠

생성형 AI는 사실 만능열쇠와 같아서, 어떤 분야에 적용해도 괜찮은 결과를 내놓는 경우가 많다. 그래서 어느 업무에 쓰든 생성형 AI가 환경을 바꿔놓는다. 게다가 다양한 적용이 가능하다. 사례를 살펴보며 가장 중요한 3가지 활용 방안을 살펴보려 한다.

첫 번째는 '해석'이다. 사람이 할 수도 있지만 복잡한 자료를 해석하는 데는 상당한 시간이 필요할 것이고, 때로는 해석할 수 없는 문제를 마주하기도 한다. 그러나 이제는 해석하는 데 너무 오랜 시간이 걸릴 것 같은 자료는 생성형 AI가 빠른 속도로 해석을 도울 것이다.

해석이라고 하면 발화의 의도를 찾거나, 자료의 의미를 알아내거나, 표나 그래프를 읽는 등 다양하다. 번역도 생성형 AI를 활용할 수 있다. 이렇듯 다양하게 활용할 수 있는 특성 때문에 생성형 AI를 활용할 분야가 더욱 늘고 있다.

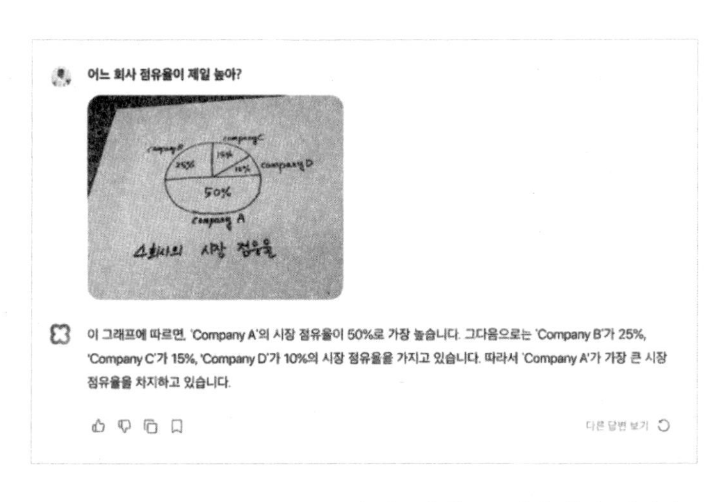

문제를 풀고 해석하는 건 생성형 AI의 대표적 활용 분야다.(출처: 네이버)

네이버는 자사 생성형 AI의 해석 능력을 끌어올리려 노력하고 있다. 해석 능력을 발휘할 분야는 여러 가지가 있겠지만, 표나 그래프의 의미를 해석하는 것이 대표적이다. 회의 시간에 나온 이야기를 바탕으로 대략적으로 표를 그려놓았다고 하자. 그런데 나중에 다시 보니 무슨 뜻인지 기억하기가 어려웠다. 이미지를 캡처한 후 생성형 AI에 그래프의 의미를 찾아달라거나 그래프에 등장한 특정 아이템에 대해 해석을 부탁하면 내가 발견하지 못했던 의미를 찾아낼 수도 있다. 업무 상황만이 아니라 수학 문제도 해석할 수 있다.

두 번째는 요약이다. 개인적으로는 마케팅과 생성형 AI와의 관계에서 가장 중요한 주제라고 생각한다. 요약이라고 하면 줄여서 표현한다거나, 주제나 몇 가지 도출한다고만 여긴다. 분량이 적을 때는 단순한 작업일 수도 있지만,

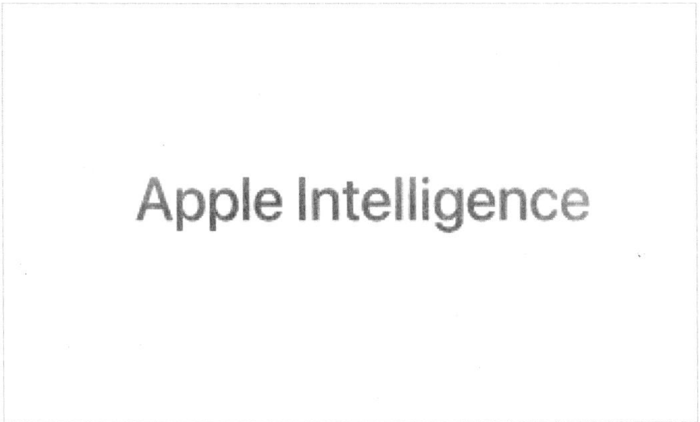

Apple Intelligence

요약이 전부는 아니지만, 애플 인텔리전스는 요약을 스마트하게 한다.(출처: 애플)

아메리칸투어리스터는 버츄얼 휴먼과 생성형 AI를 활용해 가상의 이미지를 만들었다. (출처: 아메리칸투어리스터)

분량이 늘면 쉬운 작업만은 아니다. 그러나 많은 내용이라도 생성형 AI는 잘 요약해서 그 의미를 찾아낸다.

애플이 내세운 애플 인텔리전스는 다양한 기능이 있는데, 가장 대표적인 것이 요약이다. 생성형 AI는 요약한 것에서 의미를 찾아내 사용자에게 알려주기까지 준다. 특히 통화하며 주고받은 이야기를 요약하고 의미를 찾아주는 것이다. 때로 업무 전화가 너무 많으면 내용이 헷갈리기도 하는데, 통화를 요약하고 의미를 찾아 메모해주니 편리하다. 텍스트, 음성 등 모든 정보를 요약하고 스스로 의미를 부여해서 알려준다.

세 번째는 창조다. 앞에서 말한 요약 기능에서도 어느 정도 창조성이 발휘되지만, 콘텐츠를 창조한다. 이미지, 영상, 글 등 다양한 분야에서 자료와 학습한 내용을 바탕으로 콘텐츠를 창조한다. 이는 콘텐츠를 만들 때 가장 머리 아픈 문제를 해결해주는 셈이라 주목받고 있다.

아메리칸투어리스터는 크리에이티브한 콘텐츠를 만들기 위해 생성형 AI를 활용하고 있다. 아메리칸투어리스터가 내세운 브랜드 모델은 가상의 인플루언서로, 가장 잘 어울리는 배경이나 아이템을 고민해야 했다. 그래서 가상 인플루언서의 스타일, 브랜드가 나타내고 싶은 이미지를 함께 드러내는 창의적 콘텐츠 생성을 생성형 AI로 완성했다. 이처럼 창의력을 요하는 분야에서도 생성형 AI를 활용할 수 있다.

왜 생성형 AI 마케팅인가?

AI

오늘보다 내일이 더 낫다?
생성형 AI 전망

누구나 알다시피, 생성형 AI의 전망은 밝다. 대부분의 기업은 생성형 AI를 미래 먹거리로 여기고 생성형 AI 시장에 뛰어들어 경쟁을 벌이고 있다. 생성형 AI가 게임체인저로서 미래에 수익을 창출할 수 있는 가장 좋은 분야라고 판단한 것이다. 시간이 갈수록 더 많은 기업이 경쟁에 뛰어들 것이고, 그 과정에서 생성형 AI의 단점은 지속적으로 보완될 것이다.

한편 생성형 AI는 적응력이 뛰어나므로, 생성형 AI를 도입하지 않았던 분야에서도 앞다퉈 움직이고 있다. 생성형 AI 시장은 자연스레 성장할 수밖에 없다.

또한 대중의 시선도 달라지고 있다. 처음에는 생성형 AI를 보며 신기해했는데 이제는 익숙하게 여길 뿐 아니라 생성형 AI를 적극적으로 활용한다. 그래서 생성형 AI와 연관된 지식을 쌓으려 하거나, 적용 방식을 고민한다. 즉, 생성형 AI를 가깝게 느끼는 것이다. 특정 분야가 성장하려면 대중이 편하게 받아들이고 활용해야 한다. 생성형 AI는 이런 조건을 모두 충족한다. 그래서 기업뿐만 아니라 일반 대중도 관심을 가지므로 밝은 전망을 기대할 수 있다.

생성형 AI의 특징 또한 큰 역할을 한다. 생성형 AI는 일단 만들어놓았다고 해서 영원히 똑같은 모습만 보여주지 않는다. 게임은 정해진 스테이지를 돌지만, 요즘은 업데이트가 이뤄지면서 항상 똑같은 콘텐츠만 제공하지 않는다. 그래서 사용자에게 몰입감이 더해진다. 생성형 AI도 매일 더 많은 자료를 수집하고 끊임없이 진화한다.

MZ와 알파세대에 최적화된 생성형 AI

앞에서 살펴보았듯, 생성형 AI는 다양한 분야에 활용할 수 있고 어떤 분야에도 뛰어난 적응력을 보일 수 있다. 그중에서도 마케팅에 적용하려는 이유를 설명하려 한다.

생성형 AI를 마케팅에 접목하려는 이유는 MZ세대와 알파세대에게 최적화되어 있기 때문이다. MZ세대와 알파세대는 소비 트렌드를 주도할 뿐 아니라, 매스미디어를 활용한 마케팅보다 뉴미디어를 활용한 마케팅에 익숙한 세대라 마케팅 환경에서 놓칠 수 없는 타깃이다. MZ세대와 알파세대는 광고를 딱히 반기지 않고, 광고 없이 유튜브를 즐기기 위해 돈을 쓴다. 대신에 경험할 수 있고 의미가 있다고 느끼면 마케팅이라도 거부하지 않는다. 매스미디어의 광고는 특별한 의미가 없기 때문에 좋아하지 않을 뿐이다. 그들이 좋아하는 팝업스토어는 마케팅이지만 직접적으로 무언가를 팔아치우기 위해 노력하지 않는다. 한편 브랜드 아이덴티티를 온전히 전달하면 마케팅이라고 해도 경험하고 즐긴다. 이러한 특성을 가지고 있기에 생성형 AI가 일상에 접목되는 과정은 여전히 신기하고 이런 신기함은 색다른 경험으로 인식된다.

한 박람회에서 생성형 AI가 인생 상담을 진행했다는 이야기를 접한 적이 있다. 생성형 AI가 사람과 주고받는 대화의 환경을 잘 만들었고, 이에 호기심을 느낀 사람들이 체험을 많이 했다. 이를 의도한 마케팅은 아니었겠지만, 그 덕분에 박람회가 홍보되는 효과를 누렸다. 생성형 AI를 활용한 새로운 경험이 마케팅 효과를 창출한 것이다. 이렇듯 생성형 AI의 적용은 그 자체로 새로운 경험을 만들어 내는데, 이는 경험을 원하는 MZ세대와 알파세대의 성향을 정확히 반영한다.

MZ세대와 알파세대는 디지털 친화적이다. 생성형 AI를 활용한 마케팅은 디지털 환경에서 구현된다. 물론 생성형 AI를 활용해 만든 것을 오프라인 공간에 구현할 수도 있다. 생성형 AI 마케팅이라면 무조건 디지털로 연결되는 건 아니다. 중요한 건 그 과정이 모두 디지털 환경에서 발생한다는 것이다.

MZ세대와 알파세대는 디지털에 매우 익숙한 환경에서 성장해서 디지털에 대한 적응력이 매우 뛰어나다. 그래서 디지털 환경에서 많은 것을 수행하며 마케팅 역시 디지털 세상에서 만나는 게 익숙하다. 생성형 AI 마케팅은 대부분 디지털 미디어에서 벌어진다. 디지털에 익숙한 세대에게 디지털화된 방식을 제공하는 건 이해도의 측면에서 강점이 된다. 그러므로 소비 중심 세대에게 가장 어울리는 마케팅을 제공할 수 있는 주인공은 바로 생성형 AI일 것이다.

물론 기성세대까지 포괄하는 게 마케팅 활동이고 기성세대를 대상으로 한 제품이나 서비스도 많다. 그러나 MZ세대와 알파세대를 생성형 AI 마케팅과 연결하는 건, 이들이 생성형 AI 마케팅을 외부로 퍼뜨려주기 때문이다. 연령대가 올라갈수록 SNS 친화력이 떨어지는데, 친화력이 좋아야 반응도 잘할 테고 반응을 잘해야 주변 사람들에게 전해줄 가능성이 높다. 바이럴 과정은 기업이나 브랜드가 나서서 진행한다고 무조건 잘되지는 않으며, 대중이 반응하고 움직여야 유기적 반응을 기대할 수 있다. 이때 움직

생성형 AI가 만들었다는 이야기만 들려도 일단 눈길이 한 번 더 간다. (출처: 현대자동차)

임을 보이는 세대가 바로 MZ세대와 알파세대다.

현대자동차는 광고 캠페인에 생성형 AI가 만들어낸 콘텐츠를 다양하게 활용하고 있다. 자동차와 어울리는 이미지를 생성형 AI로 만들었다고 강조하면 일단 호기심에 한 번 더 눈길이 간다. 기존에 사람이 해왔던 것만큼이나 의미가 있을지, 또 어떤 변화가 있을지 궁금하기 때문이다.

AI

길어야 하루, 디지털 환경의 휘발성에 대응하는 법

생성형 AI를 마케팅에 활용하는 또 다른 이유는 디지털 환경의 특성에서 찾을 수 있다.

우선 인스타그램의 특성 때문이다. 인스타그램에는 탐색 탭이 있어서 그간 소비한 콘텐츠를 바탕으로 게시물을 추천한다. 이 게시물은 인스타그램에 접속할 때마다 바뀐다. 동시다발적으로 여럿에게 게시물이 노출될 수 있는 반면, 지속적으로 노출되어 각인 효과를 창출하기는 어렵다는 말이다.

또 하나는 유튜브의 특성이다. 유튜브는 '급상승 동영상'이 있어서 대중이 반응하는 인기 있는 영상이 뜬다. 최신 트렌드를 반영한 영상이 급상승 동영상에 오르기도 한다. 급상승 동영상도 계속 바뀌고 새로운 급상승 동영상으로 대체된다.

이렇듯 디지털 환경은 휘발성을 지니고 있다. 콘텐츠가 날아가버린다는 말이다. 애초에 빠르게 돌아가는 인스타그램과 유튜브는 콘텐츠 하나만 가지고 지속적으로 소통할 수 있는 공간이 아니다. 게다가 대중도 빠르게 이동한다. 하나만 꾸준히 즐기는 경우는 많지 않으며, 새롭게 인기를 얻은 영상을 소비하고 다른 콘텐츠로 관심을 옮긴다. 그러니 대중을 오래 붙잡아두기는 불가능에 가깝다.

그래서 필자는 오래가는 콘텐츠를 만들고 싶다는 꿈이 있다. 물론 거의 불가능한 일이다. 그래서 오래가는 콘텐츠를 기획하는 것도 중요하지만, 더 많은 콘텐츠를 만들려고 노력한다. 대중의 관심이 오래갈 수 없다면, 더 많은 콘텐츠를 업로드해 불특정 다수에게 노출되도록 해야 하는 것이다. 좋은 반응을 얻은 콘텐츠가 있어도 반응은 오래 지속되지 않으니, 반응을 이어가는 다른 콘텐츠가 있어야 한다.

반대로 콘텐츠에 대한 반응이 안 좋아도, 부정적인 상황 역시 오래가지 않는다. 후속 콘텐츠가 잘되면 앞선 콘텐츠의 저조한 반응은 금방 잊히기 때문이다. 잘되어도 오래 못 가고, 잘 안 되어도 오래 못 간다. 잘되면 흐름을 이어갈 다음 콘텐츠가 있어야 하고, 잘 안 되었다면 흐름을 바꿀 다음 콘텐츠가 있어야 한다. 단순한 물량 공세는 아니지만, 대중의 관심이 빠르게 바뀌니 과거보다 더 많은 콘텐츠가 필요한 것이다.

그런데 디지털 환경에서 접하는 대중의 성향은 달라져도 마케팅 환경은 그대로다. 콘텐츠 기획에 동원할 수 있는 시간이나 여력이 넉넉하지 않다는 말이다. 환경은 그대로인데 과거보다 더 많은 콘텐츠가 필요하니, 생성형 AI를 마케팅에 활용해서 더 많은 콘텐츠를 만들어내야 한다. 생성형 AI로 콘텐츠를 직접 만들뿐더러 아이디어 차원에서도 다양한 이야기가 나온다. 생성형 AI는 조건만 명확히 설정하면 무한대로 콘텐츠를 만들어내므로, 마케팅의 방향성과 가장 어울리는 콘텐츠를 사용하거나 수정해서 최종본을 도출하면 된다. 사용하지 못한 아이디어라도 더 많은 대화를 하다 보면 활용할 수 있는 형태로 발전하기도 한다.

콘텐츠의 양적인 측면에서 생성형 AI를 바라보는 건 큰 의미도 없을뿐더러, 대중들이 명확히 인식할 수 있는 방향성도 없다. 업로드하는 데만 의의를 두는 방식의 마케팅은 디지털 환경의 휘발성을 감안하더라도 성과를 내기 어렵다. 그러니까 과거보다 업로드를 좀 더 손쉽게 할 수 있는 환경을 조성해서 혼자 기획했다면 소화하기 어려웠을 부분을 해결하거나 지속적으로 이어나갈 수 있는 가능성을 만드는 것은 좋지만, 무조건 콘텐츠만 많이 만들어 업로드하겠다는 마음가짐은 도움이 되지 않는다. 의미 있는 콘텐츠를 선별하고 의미 있는 아이디어를 발전시키는 생산적인 과정이 뒤따라야 양적인 확대도 가능하다. 이 과정에서 생성형 AI를 활용하는 것이다.

아임닭은 생성형 AI를 통한 콘텐츠 생성을 직접 실험한 기업이다. 광고를 제작할 때 챗GPT에 "아임닭 광고 콘티 재밌게 짜. 마케팅 타깃은 자취생, 아이 엄마, 직장인이야"라고 요청했다고 한다. 그리고 챗GPT가 내놓은 답변을 그대로 광고에 담았다. 인공지능이 쓴 대본을 각색하거나 수정하지 않고 등장인물, 지문, 대사 등 모든 부분을 광고에 그대로 쓴 것이다. 다소 엉뚱한 답변도 있지만, 이런 특성도 B급으로 잘 소화했다. 기업이나 브랜드의 이미지, 마케팅의 의도를 해치지 않는 범위 내에서 생성형 AI를 마케팅에 활용한다면 더 많은 콘텐츠를 생성할 수 있

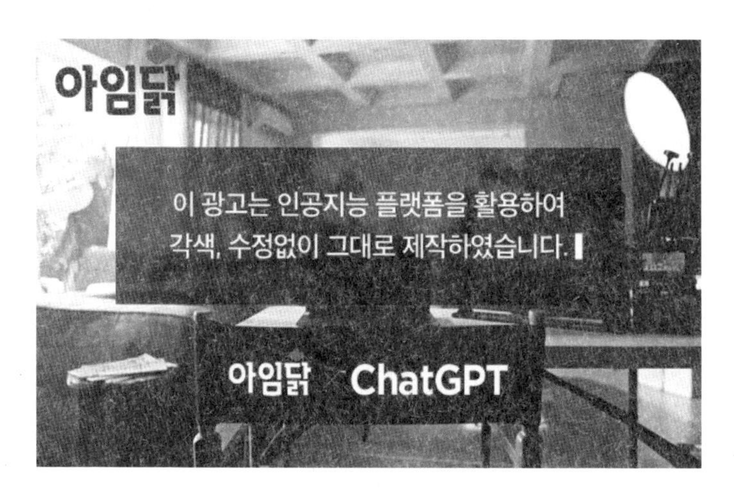

챗GPT 가 말하는 대로 따라가니 콘텐츠 하나가 나왔다.(출처: 아임닭)

을 것이다.

다양하게 만들어진 콘텐츠 중 대중이 좋아하는 것을 참고로 좀 더 심화해도 도움이 될 것이다. 이를테면 시리즈를 기획하거나, 벤치마킹해 전반적인 운영 계획을 짜는 것이다. 혼자 하기에는 버겁겠지만 생성형 AI를 활용하면 좀 더 편해진다.

남는 게 시간이라고?
시성비 시대의 상징=생성형 AI 마케팅

필자는 시성비라는 단어를 좋아한다. 시간 대비 성능이라는 뜻이다. 마케팅 회사 운영, 각종 강의 진행, 트렌드 연구, 책 기획 등을 모두 소화하려면 시간이 늘 부족하다. 책은 1년에 한두 권만 쓰지만, 책 한 권을 기획하고 내용을 채워 넣는 데만도 꽤 오랜 시간이 걸린다. 그래서 매일 자료를 정리하고 책 내용으로 옮기는 시간이 필요하다. 이동 중 자투리 시간을 활용하기도 하고, 늦은 밤 시간대를 활용하기도 한다. 그런데 주어진 시간은 24시간뿐이고 그 와중에 잠도 자야 하므로 시성비가 중요하다.

시간 대비 성능이 높다는 건 시간을 잘 쓴다는 뜻이다.

LG유플러스는 AI로 효율성을 찾았다.(출처: LG유플러스)

주어진 시간을 알차게 쓰고, 더 많은 일을 하는 것이다. 예를 들어 보통 때는 1시간을 활용해 2개의 자료를 봤는데, 오늘은 1시간 동안 3개의 자료를 봤다면 시성비가 좋아진 셈이다. 하지만 일을 많이 했다고 해서 시성비가 좋은 건 아니다. 시간을 아낄 수 있어도 좋다. 평소 집안일을 하는 데 1시간이 걸리는데, 가전제품을 구매해 그 일을 하지 않아도 된다면 1시간이 남는다. 이 경우에도 시성비는 좋다. 시간을 아껴 활용 폭을 넓혔기 때문이다.

LG유플러스는 자사의 스토리를 담은 광고를 100% AI로 제작했다. 물론 AI가 100%를 담당하니 때때로 이질감이 느껴지기도 하지만, LG유플러스가 말하고 싶었던 메시지는 충분히 전달했다. 무엇보다 AI를 동원해서 제작 비용이 3차원 애니메이션 광고 대비 40% 넘게 줄었다고 한다. 제작 기간도 70%나 짧아졌다. 시성비가 매우 좋다.

기업의 마케팅은 다양한 활동을 포괄한다. 디지털 마케팅 미디어만 생각해도 버거울 정도로 많다. 인스타그램, 유튜브, 블로그, 숏폼 미디어까지 생각하면 이미 포화상태다. 게다가 대중의 반응은 시시각각으로 변한다. 고객의 니즈에 대응하려면 모니터링을 넘어 인사이트를 쌓아야 하는데 시간이 부족하다. 그만큼 마케팅은 시간과 노력의 싸움이다. 이러한 마케팅의 특성에 생성형 AI가 정확히 들어맞는 답을 제시하고 있다. 앞의 사례처럼 제작 기간이 줄었다면, 디지털 마케팅 미디어에 좀 더 집중할 수 있다. 또한 콘텐츠 활용 후 인사이트를 분석할 여력도 생길 것이다. 덜 쓴 제작 비용을 다른 식으로 활용하는 방법도 생각해볼 수 있다.

앞으로도 마케팅 환경은 점점 더 경쟁이 심해질 것이다. 지금의 디지털 마케팅 미디어가 영원하리라는 보장은 없으며, 새로운 미디어가 또 나오고 대응해야 하는 과제가 생긴다. 한편 대중의 니즈는 더욱 분화될 것이다.

그렇다고 해도 디지털 마케팅은 기회의 땅이다. 과거처럼 마케팅 진입 장벽이 높은 것도 아니고, 특정 인원만 마케팅을 시도할 수 있는 것도 아니다. 즉, 확신을 가진 제품과 서비스가 있다면 누구나 디지털 마케팅 활동을 진행할 수 있다. 이런 경쟁적인 환경에서 시간과 노력을 아껴 의미 있는 곳에 쓰고, 생산적 과정을 통해 목표를 향해 나아갈 기회를 만들어야 한다. 이때 생성형 AI 마케팅은 시간을 아껴주고 더 많은 기회를 창출해줄 것이다.

아이스티 1잔이 9잔이 됐다고? 생성형 AI 마케팅의 단점

생성형 AI도 무조건 좋은 것만은 아니며, 단점이 있다.

일단 무조건적인 믿음은 금물이다. 마케팅은 여러 가지 변수가 있어서, 사회적 통념, 문화적 배경, 다양한 견해 등의 변수가 작용해 논란이 생기곤 한다. 이렇게 고려해야 할 기준이 많은데도, 생성형 AI의 판단과 창의력을 검증 없이 무조건 믿으면 위험에 빠질 가능성이 높다.

물론 생성형 AI 역시 다양한 판단 기준을 세워 적용하지만 사람만큼은 아닐 것이다. 판단 근거와 함께 이슈화가 되었던 게 바로 환각 현상이다. 환각 현상이란 생성형 AI가 잘못된 정보를 마치 옳은 정보인 것처럼 제시하는 것을 말한다. 근거 자료가 잘못 수집된 경우에 충분히 일어날 수 있는 일이다. 물론 생성형 AI를 서비스하는 기업은 환각 현상을 잡기 위해 많은 노력을 기울이고 있으므로 시간이 지나면 해결되겠지만, 자신만의 기준을 세워볼 필요가 있다.

이와 함께 주목해야 할 또 다른 문제점이 있다. 바로 '사례'의 문제다. 매우 긴 시간 동안 진행된 다양한 마케팅은 그만큼 많은 사례를 남겼다. 그런데 이 사례가 모두 좋은 결과를 냈을까? 마케팅 프로젝트는 좋은 결과를 낸 사례보다 아쉬운 결과를 낸 사례가 훨씬 많을 것이다. 그런데 생성형 AI가 사례를 분리해 수집할 수 있을까? 기준을 잘 정하면 가능할 수 있지만 결코 쉬운 일이 아니다. 레퍼런스로 삼아야 하는 자료만 수집하는 게 아니라 굳이 확인하지 않아도 될 사례까지 수집해 대답하기 때문에, 종합적인 답변은 다소 아쉬운 결과로 낼 수도 있다.

또한 웹상에 존재하는 수많은 정보를 수집하는 탓에 '올드한' 감성이 물씬 풍기는 해답을 내놓는 경우도 있다. 트렌드는 시대에 따라 달라지고, 마케팅에 대한 접근 방식도 바뀐다. 광고 카피를 예로 들어보자. 한 시대를 풍미하던 대박 카피라고 해도 카피의 트렌드는 계속 바뀐다. 생성형 AI는 시대를 관통하는 카피를 모두 모아 결과를 만들어내기 때문에, 철이 지난 것 같은 결과를 얻을 수도 있다. 따라서 완성본은 늘 검토할 필요가 있으며, 최종 완성은 사람의 힘이 필요하다.

마지막으로 인식의 문제다. 특히 다양성을 고려하지 않으면, 생성형 AI 마케팅은 문제를 일으킬 수밖에 없다.

맥도날드는 사람들의 다양한 발음을 미처 생각하지 못했다.

맥도날드의 예를 들어보자. 맥도날드는 드라이브스루에 주문 시간을 줄이고 주문 과정을 단순화하기 위해 생성형 AI를 도입했다. 하지만 맥도날드의 기대는 빗나갔다. 잘못된 주문이 너무 많았고, 고객의 컴플레인이 오히려 늘어난 것이다. 아이스티 1잔을 주문했는데 멋대로 9잔을 접수한 사례도 있었다고 한다. 고객 경험은 지속적으로 나빠져 결국 AI 드라이브스루 주문 시스템을 철거했다.

사람마다 발음은 다를 수 있고, 메뉴 조합도 다양하다. 일률적으로 통일하기는 어렵다는 말이다. AI는 매번 똑같은 메뉴를 두고도 다른 발음과 방식으로 말하는 사람들에게 대응해야 했고, 결국 숱한 오류를 내고 말았다. 생성형 AI를 고객 경험과 접목해 마케팅 효과를 거두겠다는 목표는 잘못되지 않았고, 실제로 성과를 거둔 사례도 많다. 하지만 다양한 변수가 있기에 조심스럽게 접근할 필요가 있다.

이런 단점을 극복하기 위한 노력은 이미 이루어지고 있어서 챗GPT는 수학이나 코딩 관련 작업에서 추론 능력을 갖추고 있다. 다만 우리가 원하는 수준과 생성형 AI가 내놓는 결과의 수준은 다를 수도 있다. 항상 생성형 AI가 내놓은 해답을 다시 생각하는 과정을 거칠 수 있도록 루틴을 만드는 것도 긍정적 효과를 발휘할 것이다.

3장

새로운 마케팅 시대의 개막, 생성형 AI 마케팅 어떻게 활용하고 있나?

AI

너만 본다,
개인화 마케팅

이제 생성형 AI 마케팅이 어떻게 활용되고 있는지 4가지 방향에서 정리해보려 한다. 실제 업무 환경에서 기업과 브랜드는 어떤 방식으로 생성형 AI 마케팅을 실행하는지 살펴보자.

우선 개인화 마케팅이다. 일명 '너만 보는' 마케팅이다. 필자는 개인화를 넘어 초개인화까지 대비해야 한다고 역설하고, 앞으로 대중의 마음을 사로잡을 수 있는 가장 큰 요소라고 설명한다. MZ세대와 알파세대는 기성세대에 비해 개인주의가 강한 세대다. 여기서 말하는 개인주의란 이기주의가 아니다. 자신의 생각과 취향을 잘 이해한다는 뜻이다. 개인주의를 경험하며 성장한 세대는 당연히 자기 자신에게 관심이 많다. 이를테면 건강을 챙기기 위해 건강 기능식품을 산다거나, 자신의 취향에 맞는 제품을 사기 위해 먼 거리를 찾아가는 것도 마다하지 않는다. 기성세대 역시 스스로의 행복을 위해 소비할 줄 아는 세대다.

이렇게 자신의 마음을 중요하게 여기는 사람들에게 '자신'의 존재감이 없는 마케팅은 통하지 않는다. 그래서 개인화가 필요하다. 각각의 개인에게 가장 어울리는 선택지를 제공하거나, 각자에게 맞춤 서비스를 제공하는 것이다. 그러면 기업이나 브랜드가 자신을 이해하고 있다고 느껴 충성도도 높아지고 감동도 커진다. 그러면 이탈률이 줄어든다. 자신의 마음을 알고 있는 대상이 있는데 굳이 다른 길로 갈 필요가 없기 때문이다.

예를 들어 OTT를 구독했는데 추천하는 영상이 마음에 든다면, 취향을 제대로 읽어서 추천하므로 영상을 연속적으로 소비할 가능성이 높다.

개인화 과정을 전통적인 방식으로 접근할 수도 있겠지만, 생성형 AI는 각종 자료와 정보를 수집해 사용자를 분석한다. 무엇을 검색하고 소비했는지 파악하고 가장 어울리는 상품을 나열해 추천하는 것이다.

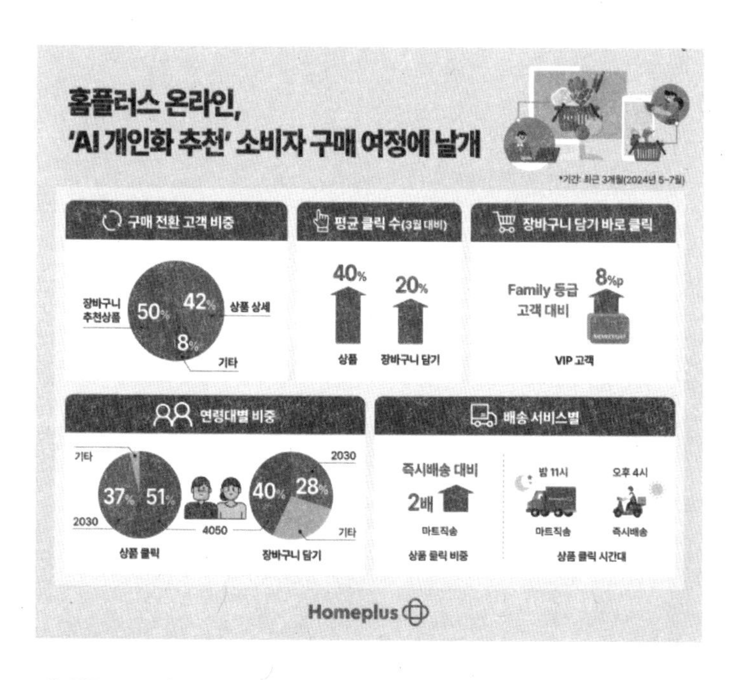

생성형 AI로 개인화 과정을 이끌면 소비는 자연스럽게 따라온다.(출처: 홈플러스)

홈플러스는 생성형 AI를 동원해 고객 취향까지 반영한 제품 추천을 지향한다. 예를 들어 고기를 구매하는 고객이 있다면 고기 말고도 필요한 제품이 있을 것이다. 쌈 채소나 쌈장, 소금 등이 필요할 수도 있겠다. 이렇게 주된 소비 아이템과 연관된 제품과 서비스를 학습하고, 고객의 구매에 맞춰 추천할 수 있다. 실제로 생성형 AI 마케팅을 통한 개인화를 목표로 잡은 후 홈플러스의 매출은 크게 달라졌다. 추천 상품 구매 전환 고객 비중은 50%에 달하며, 상품 클릭수도 늘었다. 반응하는 소비자의 연령층도 다양해지면서 전 세대를 아울러 구매를 높인다.

카카오엔터테인먼트는 이용자 기호에 맞는 콘텐츠를 추천하는 '헬릭스' 시리즈를 운영한다. 접속 시간을 분석

콘텐츠도 개인화 추천이 이뤄지면 소비에 불이 붙는다.(출처: 카카오엔터테인먼트)

해 최적의 타이밍에 알람 형태로 마케팅 메시지를 보낸다. 한편 웹툰이나 웹소설을 숏폼으로 제작하는 데도 생성형 AI를 활용하고 있다. 만들어진 콘텐츠는 개인화 기반 큐레이션에 활용된다. 고객으로서는 자신의 취향이나 생각에 맞는 콘텐츠가 계속 눈에 들어오니 반응하지 않을 수 없다. 이렇게 생성형 AI를 마케팅에 도입한 후 유저의 평균 결제 금액이 늘어났고, 노출수 대비 클릭수도 모든 탭에서 100% 넘게 상승했다. 자신에게 가장 알맞은 타이밍에 알람이 오고 가장 어울리는 콘텐츠가 추천되니 만족도가 올라간다.

생성형 AI 마케팅을 통해 개인화를 구현한 사례는 쉽게 찾아볼 수 있다. 많은 기업과 브랜드가 생성형 AI 마케팅을 통해 개인화를 구현하고 성과를 끌어올리고 있다. 많은 고객을 유입시키고, 유입된 고객은 효율적으로 관리하며, 추천을 통해 구매 확률을 높이고, 고객의 다양한 정보를 활용하는 계기로 삼는다. 그런 만큼 개인화는 선택이 아닌 필수이며 목표를 달성하는 중요한 키워드가 생성형 AI 마케팅이라고 주장한다.

기획부터 출시까지, 브랜딩 마케팅

상품은 하늘에서 뚝 떨어지는 게 아니다. 서비스 역시 하루아침에 뚝딱 생겨나지 않는다. 많은 사람의 노력을 바탕으로 상당한 시간을 투자해 나온 결과물이다.

제품이나 서비스를 만들려면 우선 시장 조사가 필요하다. 출시하려는 제품이 시장성이 있는지, 경쟁 제품은 무엇인지 등 시장에 대한 지식을 통해 출시해도 좋겠다는 판단이 내려지면, 다음으로는 제품의 밑그림을 그린다. 어떤 제품을 만들 것인지, 대중에게 어떤 느낌을 선사할 것인지 등 제품의 디테일을 확정한다. 그 후 생산을 위한 준비 과정에 들어간다. 유통 과정을 고민하고 유통망이 결정되면 마케팅 방식을 고민한다. 제품이 세상에 나온 후 유통을 진행했다면, 마케팅 플랜을 가동해 최대한 많은 사람에게 알려야 한다.

이렇게 많고도 복잡한 과정 중 일부는 간단하게 수행할 수 있다. 기획부터 시작해 마케팅에 이르는 과정 중 일부는 생성형 AI를 활용한 마케팅으로 대체할 수 있다. 브랜딩이란 제품이나 서비스가 세상에 나오는 데 필요한 과정을 모두 아우른다. 단순하게 특정 이미지를 형성하거나 메시지를 전하는 것을 넘어 제품이나 서비스에 대한 실무적 사항을 포괄한다.

시장 조사를 할 때 아이템을 정한 후 생성형 AI와 대화하면, 관련 통계나 제품에 대해 알아볼 수 있다. 요즘 시장 현황은 어떤지, 시장 가능성은 어떤지 등 더 구체적이고 상세한 내용을 알아낼 수도 있다. 최근 출시 현황을 바탕으로 제품 형태, 방향성, 패키지 등도 끌어낼 수 있다. 생성형 AI는 각종 자료를 모아 최대한 창의적인 해답을 내놓을 것이다. 사람은 생성형 AI가 직접적으로 관여하기 어려운 부분만 수행하면 되니, 기존 브랜딩 과정보다 시간이나 노력이 줄어드는 건 물론이다. 실제 활용 사례도 다양한 분야에서 나오고 있다.

GS25

생성형 AI가 만든 하이볼이다.(출처: GS리테일)

GS리테일이 운영하는 편의점 GS25는 주류 제조사 부루구루와 손잡고 생성형 AI를 활용해 만든 아숙업레몬스파클하이볼(이하 아숙업하이볼)을 출시한 적이 있다. 맛, 도수, 레시피, 디자인, 상품명, 가격 등 다양한 주제로 생성형 AI와 대화를 주고받았다. 생성형 AI가 만들었다는 사실만으로도 마케팅 포인트는 충분했고, 새로운 고객 경험을 창출했다. 출시까지 이어지는 과정 내내 생성형 AI와 브랜딩한 것이 마케팅에 큰 공로를 세웠다.

fresheasy

가장 친근한 분식인 떡볶이도 생성형 AI가 만들 수 있다.(출처: 프레시지)

식품업계에서도 생성형 AI를 마케팅에 활용하려는 움직임이 활발하다. 프레시지는 생성형 AI를 활용해 떡볶이 밀키트를 만들었다. 일반 식품 기업이 아니라 '푸드테크' 기업으로 거듭나겠다는 프레시지의 의욕이 담긴 시도였다.

우선 자체적인 생성형 AI 시스템을 통해 매일 600만 개의 제품을 분석했다. 여기에 15억 개의 누적 데이터를 더해 제품 개발을 진행했다. 생성형 AI를 활용해 기존 시장에서 판매되는 떡볶이 제품의 정보를 기반으로 잘 팔릴 수 있는 제품을 식별하고, 최적의 레시피를 만들고 테스트 하여 제품을 개발했다. 시장 조사의 영역에 적극적으로 생성형 AI를 활용한 것이다. 사람이 매일 600만 개의 제품을

생성형 AI가 추천한 맛이 있다고? (출처: SPC코리아)

분석하고 15억 개의 누적 데이터를 만들었다면, 오랜 시간이 필요했을 것이다. 사람들이 가장 좋아하는 맛을 기반으로 최적의 레시피를 추정하는 작업 역시 어려웠을 것이다. 하지만 생성형 AI 덕분에 복잡한 작업이 빠른 속도로 해결되었다.

이렇듯 브랜딩을 생성형 AI 마케팅을 통해 빠르고도 의미 있게 끝낼 수 있었다. 생성형 AI 마케팅도 100% 정답이라고는 할 수 없지만 브랜딩 과정을 효율적으로 만든다는 사실은 분명하다.

배스킨라빈스는 구글의 생성형 AI 모델 제미나이를 활용해 재미있는 브랜딩을 진행했다. 제미나이와 여름에 어울리는 아이스크림 맛에 관해 대화를 나누고 여름 아이스크림 원료에 대해서도 물었다. 그 결과 망고, 오렌지, 사과, 패션푸르츠 맛이 선택되고, 이 4가지 맛을 조합해 트로피컬 서머 플레이를 출시했다. 이 사례는 생성형 AI 마케팅을 전반적인 상품 브랜딩에 활용해도 좋지만, 기획 상품이나 특정 기간 프로모션을 위한 선택지에 활용할 수도 있음을 보여준다.

찐팬 만들기, CRM 마케팅

'팬슈머'라는 신조어는 팬의 역할을 자청하는 소비자라는 뜻이다. 원래 팬슈머는 엔터테인먼트 산업에 가장 많았다. 아이돌 그룹을 좋아하거나 배우를 좋아하는 팬이 열정적으로 지지하며 바이럴 활동을 하거나, 때로는 쓴소리로 올바른 방향성을 만들기도 한다. 이들은 제품이나 콘텐츠 생산자가 반기는 열정적 소비자다.

기업과 브랜드에도 팬이 있다. 특정 기업이나 브랜드, IP(지식재산권)를 선호하는 것이다. 기업과 브랜드가 캐릭터나 콘텐츠를 콜라보레이션하면, 그 팬들이 몰려든다. 이렇듯 팬의 개념은 소비 트렌드와 마케팅의 방향성 자체를 바꾸고 있다. 가장 열정적인 반응으로 소비하는 팬슈머를 잡아야 성공할 수 있다는 인식도 커지는 상황이다.

문제는 팬을 만들기가 쉽지 않다는 것이다. 생각지도 못한 타이밍에 갑자기 팬이 생기기도 하고, 오히려 대중이 등을 돌리기도 한다. 이렇듯 예측이 어려우니 대응하기도 쉽지 않다. 팬을 만들려고 하다가 오히려 안티만 늘어나는 사례도 많다. 이런 과정을 스마트하게 바꿀 수 있는 것이 바로 생성형 AI다.

만약 팬이 될 만한 사람과 관심이 없는 사람을 구분할 수 있다면, 팬이 될 만한 사람에게는 더 많은 정보를 보내고 관심이 없는 사람에게는 정보 전달 횟수를 줄여 기업의 이미지를 좋게 할 수 있을 것이다.

기존에 제품이나 서비스를 구매한 고객이 있는데 기업과 브랜드에 대한 확신은 부족한 상태라면, 추천이나 주기별 관리를 통해 가능성을 실험해보는 것도 도움이 될 것이다. 이를 CRM, Customer Relationship Management라고 하는데, 기업이나 브랜드가 고객과 관련된 자료를 분석해 고객 중심 소통을 극대화하는 것이다. 생성형 AI에 고객에 대한 정보를 제시하고 분석을 요청하면, 분석한 결과를 활용해 관심 있는 고객과 관심 없는 고객을 나눠 다른 마케팅 방식을 적용해 고객 관계를 유연하게 관리할 수 있다.

또한 해시태그를 달아둔 콘텐츠나 리뷰, 쇼핑몰에 담긴 짧은 상품평 등 고객 후기를 수집하고 이를 생성형 AI에 분위기와 방향성을 분석하게 한 후, 고객 후기가 긍정적이라면 공격적인 마케팅을 시도하고, 부정적이라면 마케팅 포인트를 수정해야 할 것이다. 이 과정을 모두 생성

SK는 고객 관계 관리에 생성형 AI를 적극적으로 활용해 성과를 거뒀다.(출처: SK렌터카)

형 AI가 해줄 수 있다.

SK렌터카는 이런 CRM 여정을 이해하는 데 아주 좋은 사례다. 특히 생성형 AI 마케팅을 활용한 CRM 과정을 아주 잘 구현했다. SK렌터카의 목표는 웹사이트를 통해 구매 가능성이 높은 고객을 식별하는 것이었는데, 식별 과정을 사람이 모두 소화하긴 어려웠다. 그래서 다양한 자료를 해석할 수 있는 생성형 AI를 통해 고객을 식별했다. 실제로 생성형 AI를 통해 CRM 마케팅을 진행하니, SK렌터카 채널로의 전환율이 약 37% 정도 증가하고 웹사이트 이탈률은 11% 감소했다. 렌털 신청 절차를 완료하지 않은 고객을 식별해 메시지를 보내고 리마인드 알림을 보내는 등 신청 절차를 완료하도록 독려하기도 했다.

이 과정을 생성형 AI 마케팅을 통해 진행하지 않았다면 고객의 특성을 식별하지 못한 채 단체 메시지를 보내는 데 그쳤을 것이다. 그렇다면 고객을 놓치는 일은 자주 벌어졌을 것이다. SK렌터카는 고객이 조회한 자동차 이름이나 모델까지 식별해 고객을 관리했고, 자연스럽게 고객 참여를 유도할 수 있었다.

챗봇은 대표적인 생성형 AI를 활용한 CRM 마케팅 분야다.(출처: 해피톡)

고객 응대의 범주를 넓힌 챗봇도 생성형 AI를 활용한 CRM 마케팅의 일종이다. 챗봇이 CRM에 들어가는 이유는 고객 서비스를 말하는 CS(Customer Service) 분야이기 때문이다. 챗봇을 통해 고객은 궁금한 점을 질문하고 기업이나 브랜드는 이에 응대해 정보를 전달하는데, 이 과정이 매끄럽다면 긍정적인 고객 관계를 형성할 수 있다.

고객이 업체에 문의를 남겼는데 빠르게 답변을 받으면, 고객은 업체를 긍정적으로 바라볼 것이다. 하지만 며칠을 기다려도 답변을 받지 못하면, 그렇지 않을 것이다.

이때 단순한 CS 접근은 통하지 않는다. 고객 니즈는 다양해졌고 고객의 유형도 많다. 그러니 단순한 방식으로 대응해서는 고객의 니즈를 해결할 수 없다. 젝시믹스가 활용하는 챗봇에는 생성형 AI가 적용되어 텍스트나 표, 데이터까지 학습해 답변을 생성한다. 한편 생성형 AI는 같은 내용이라도 다른 식으로 표현되는 고객의 문의에서 의도를 파악해낸다. 그렇기에 생성형 AI가 적용된 챗봇은 답변의 정확도가 높고, 고객 서비스 품질과 편의성이 모두 향상된다.

이렇듯 CRM 마케팅의 분야는 고객 응대를 포함해야 하며, 생성형 AI 마케팅은 하루가 다르게 복잡해지는 고객들의 마음을 사로잡을 수 있는 좋은 해답이다.

AI가 만든 광고? 콘텐츠 마케팅

마지막으로 콘텐츠 마케팅이 있다. 대중이 생성형 AI에 감탄한 것도 콘텐츠 마케팅 때문이다. 평소 어렵게 생각했던 콘텐츠 기획을 생성형 AI가 척척 해내는 모습을 보며 놀란 사람들이 많았던 것이다.

마케팅에서 가장 어려운 게 콘텐츠 기획이라고들 말한다. 지속해서 콘텐츠를 기획해 세상에 내놓기가 쉽지 않다. 다행스럽게도 필자는 각종 트렌드에서 현상을 발견하고 적용한 덕에 적당 수준 이상으로 콘텐츠 기획을 해낼 수 있었지만 여전히 어려운 과정인 건 사실이다. 이런 과정을 생성형 AI가 대신해준다니, 관심이 쏠리는 건 당연한 일이다. 현장에서 생성형 AI를 마케팅에 활용하는 사람들도 이런 기능에 집중하고 있다.

콘텐츠에는 한계가 없다. 특정 분야의 콘텐츠만 만들 수 있는 것도 아니고, 콘텐츠 플랫폼이 정해져 있는 것도 아니다. 자신이 원하는 분야, 원하는 플랫폼으로 얼마든지 콘텐츠를 만들어낼 수 있다. 그러나 무조건 긍정적으로만

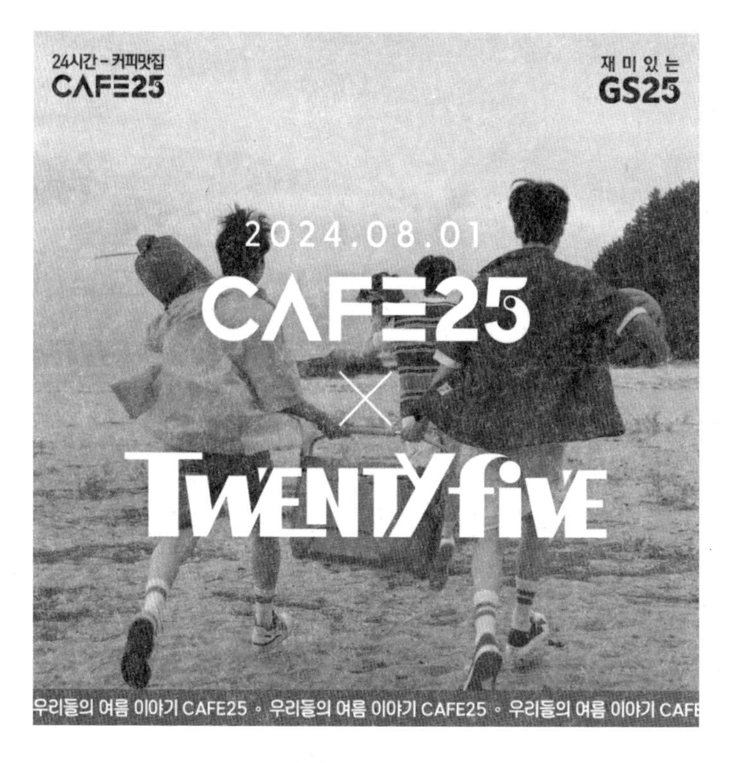

배경음악이 고민인가? 생성형 AI에 물어봐도 좋다.(출처: GS리테일)

보기에는 위험이 뒤따른다. 하지만 신중히 활용한다면, 콘텐츠에 대한 고민은 상당 부분 해결할 수 있을 것이다.

편의점 GS25는 생성형 AI 음원 제작 툴을 이용해 콘텐츠 마케팅에 도전했다. 음원 콘텐츠를 제작하면서 생성형 AI 툴을 활용해 '아이스커피를 주제로 청량함을 느낄 수 있는 K팝 아이돌 느낌의 가사'를 요청한 것이다. 마케팅팀에서 47번의 추가적인 과정을 거쳐 최종 결과물을 얻어냈다. 이후 GS25는 그룹을 섭외해서 뮤직비디오형 마케팅 콘텐츠를 만들어냈다. 전통적인 방식으로 마케팅 콘텐츠를 진행했다면 해결해야 했을 복잡한 과정이 생성형 AI 마케팅 콘텐츠의 도움으로 대폭 줄어들었다. 통상적으로 기획부터 음원 제작, 촬영까지 12주가 걸릴 텐데 GS25는 단 2주 만에 모든 과정을 끝냈다.

물론 고민이나 노력이 없었던 건 아니다. 마케팅팀은 거듭해서 수정하고 의견을 내야 했고, 그룹 섭외 등 다양한 과정을 거쳤다. 하지만 콘텐츠 기획은 편했다. 사람이 직접 의견을 내고 다듬는 과정은 필요하지만, 콘텐츠 기획의 시작부터 완료 시점까지 생성형 AI가 많은 역할을 대신해주었다. 특히 음원과 같은 전문적인 영역에 생성형 AI를 적용할 수 있다는 건 상당히 매력적이다.

음원부터 커버까지 모두 생성형 AI의 손길이 닿았다.(출처: 롯데쇼핑)

롯데마트는 GS25와 마찬가지로 생성형 AI 음원 제작 플랫폼을 이용해 만든 음원을 마케팅에 활용했다. 매장에서 송출해 브랜드 경험을 창출하는 바로 그 음악이다. 롯데마트는 자체 브랜드를 상징하는 트렌디한 가사를 생성형 AI로 뽑아냈고, 작곡에도 생성형 AI를 활용했다. 앨범 커버와 뮤직비디오도 생성형 AI로 제작한 이미지를 썼다. GS25의 사례보다 더 적극적으로 생성형 AI 콘텐츠 마케팅을 시도한 것이다.

이 프로젝트 역시 효율성의 측면에서 큰 강점을 보였

종합적인 관점에서 생성형 AI를 활용하는 것도 훌륭하다.(출처: GS숍)

다. 기획부터 제작까지 단 이틀이 걸렸고, 작곡가와 가수를 섭외해 제작하는 기존 방식보다 비용과 시간이 90%나 절감됐다.

지금까지 소개한 다양한 방향성을 융합해 활용한 사례도 있다. 바로 GS숍의 생성형 AI 접근법이다. GS숍은 고객 행동을 고려해 생성형 AI가 최적화 맞춤형으로 앱을 구성한다. 고객이 상세 설명 페이지에 오랫동안 머문 상품, 장바구니에 담아두거나 구매한 상품, 즐겨 찾는 매장(영역), 자주 이용하는 혜택, 많이 입력한 검색어 등 다양한 행동 데이터를 분석해 앱 전체의 50%를 개인 맞춤형으로 구성한다. 그뿐 아니라 생성형 AI가 제작한 숏폼과 광고 문구를 앱 메인 화면 최상단 배너에 활용한다. 메인 화면에 노출되는 전제 상품의 80% 이상을 AI가 선택하고 혜택도 챙긴다. 개인화와 CRM, 콘텐츠 마케팅까지 다양한 방향성을 쉽게 구현한다.

생성형 AI를 활용한 다양한 마케팅 사례를 보며, 고민은 접고 생성형 AI와 시작하는 새로운 마케팅의 방식을 시도해볼 필요가 있다.

AI를 알면 마케팅이 바뀐다, 생성형 AI 마케팅 전략은 어떻게 잡아야 하나?

대화가 필요해, 자주 묻는 사람이 답을 얻는다

이제 대화는 사람만의 전유물은 아니다. 챗봇이나 보이는 ARS처럼 단편적인 지식이나 정보를 얻을 수도 있고, 생성형 AI와 입체적인 대화를 나눌 수도 있다.

서로 말을 주고받기 때문에 사람끼리 나누는 대화와 비슷한 환경이 형성된다.

대화는 생성형 AI 마케팅을 이해하는 중요한 키워드 중 하나다. 필자는 생성형 AI 마케팅과 연관된 강의를 할 때마다 대화는 주고받는 것이라고 강조한다. 생성형 AI에 질문을 던지고 답이 오면 그 답을 바로 활용하거나 약간 수정해서 활용한다고 해서 생성형 AI 마케팅이 끝난 걸까? 이런 방식은 생성형 AI의 강점을 전혀 활용하지 못하는 것이다.

제대로 된 생성형 AI 마케팅은 티키타카를 통해 완성된다. 생성형 AI에 질문하고 답을 받으면 답에 대해 다시 물어보며 의도를 더해가야 한다. 타깃을 좁혀가며 물어보고, 주제를 확장해가며 폭넓은 답을 얻을 수도 있다. 질문 하나로 모든 걸 해결하려 하지 말고 대화를 주고받기 위해 애쓰라는 것이다.

예를 들어 "식품 신상품 홍보를 위한 카피를 써줘"라고 물으면, 생성형 AI가 답할 것이다. 그것으로 끝낼 게 아니라 "20대나 30대를 타깃으로 식품 관련 신상품 홍보를 위한 카피를 써보면 어떨까?"라고 타깃을 좁힐 수 있다. 또는 "신상품의 맛을 더 강조하면 어떨까?"라든가 "경쟁력 있는 가격대를 강조하면 어떨까?"라는 식으로 범위를 넓혀 살펴볼 수도 있다. 이렇게 셀링포인트를 다양하게 설정하며 대화를 주고받으면 다양한 답변을 얻을 수 있다.

질문을 한두 개 던져서는 충분히 좋은 답을 얻기는 힘들다. 다양한 상황과 니즈를 바탕으로 대화를 이어나가면 답이 풍부해지면서 새로운 아이디어를 얻을 수 있을 것이다.

이미지 하나로 하인즈의 모든 걸 말할 수 있을까?(출처: 하인즈)

하인즈 케첩은 재미있는 프로젝트를 진행했다. 생성형 AI에 캐첩에 대해 물었고, 그 과정에서 흥미로운 사실을 발견했다. 생성형 AI가 내놓은 답을 모아보니, 하인즈 케첩과 유사한 형태의 이미지가 나온 것이다. 그래서 하인즈는 'AI도 케첩 하면 하인즈를 떠올린다'며 홍보했다. 이런 마케팅이 질문 하나로 완성될 수 있었을까? 반복해서 묻고 의미 있는 대화를 이어가는 과정에서 나온 이미지이므로 설득력을 가질 수 있었다.

고객 세분화의 3단계 수행, 나누는 사람이 수익을 얻는다

생성형 AI 마케팅의 두 번째 방향성은 세분화다. 고객이 될 가능성이 있는 사람은 많지만 사람마다 생각이 다르다. 그러므로 무작정 똑같은 방식으로 소통을 시도한다면, 시작부터 잘못된 것이다.

고객 세분화를 하려면 우선 '주기'를 파악해야 한다. 여기서 주기란 구매 주기를 말한다. 그러니까 많이 사는 사람과 적게 사는 사람을 구분해야 한다는 말이다. 예를 들어 A는 2주일에 1개를 구매하고, B는 6개월에 1개를 구매한다고 하자. A가 제품을 많이 쓰고, B는 거의 쓰지 않는다는 말이 된다. B는 제품의 강점을 파악하지 못하거나 다른 제품으로 구입해도 상관없다고 생각할 수 있다. 그렇다면 고객 세분화를 통해 A는 관리 대상이고, B는 정보를 전달하고 신뢰성을 구축해야 하는 대상이 된다.

두 번째는 퍼널을 알아야 한다. 퍼널이란 깔때기를 말하는데, 마케팅에서는 유입된 채널을 의미한다. 어느 채널에서 유입되었는지 알아내 세분화하는 것은 연령이나 지역 같은 통계를 바탕으로 마케팅 프로그램을 세분화할 수 있기 때문이다. 타깃 연령층에 어울리는 채널을 고르려면 자료가 필요한데, 이는 퍼널 분석을 통해 확보할 수 있으며, 생성형 AI가 자료를 분석해줄 것이다.

세 번째는 충성고객을 알아야 한다. 관심 있는 고객과 관심 없는 고객을 분류하는 것은 세분화에서도 똑같이 필요한 과정이다. 충성 고객은 다시 구매할 가능성이 높지만, 관심 없는 고객은 구매하지 않거나 구매하더라도 소액을 쓸 가능성이 있다. 이런 상황을 고려해, 관심 없는 고객에게는 가격대가 낮은 제품을 제시하는 등 새로운 전략이 필요하다. 이런 전반적인 전략을 로열티라고 하는데, 고객 세분화에서 아주 중요한 단계다. 로열티를 바탕으로 한 세분화 없이 마케팅에 접근하면 좋은 결과를 기대하기 힘들다. 고객의 특성을 고려하지 않은 채 구매와 매출만 외친다면, 의미가 없다.

주기, 퍼널, 로열티를 고려해 고객을 세분화해야 좋은 결과를 기대할 수 있으며, 이런 과정은 생성형 AI를 활용해 진행할 수 있다. 방법은 간단하다. 고객 DB를 생성형 AI에 학습시켜 유의미한 정보를 스스로 분석해내게 하면 된다. 이는 고객 세분화를 위한 일종의 '툴'이 된다. 이 툴을 활용해 고객을 세분화하고, 세분화 전략에 따라 다양한 마케팅 방식을 활용할 수 있다.

과거에도 고객을 세분화하려는 시도는 있었지만, 세분화 지표로 쓰일 만한 자료가 부족했고 자료를 해석하는 방식도 정밀하지 못했다. 그래서 충성고객을 관리하거나 신규 고객을 유치하는 식으로만 진행했다.

규모가 작은 기업 또는 마케팅에 투입할 자원이 적은 경우라면 고객 세분화는 더욱 중요한 작업이다. 마케팅 비용을 효율적으로 투입해야 하므로 세분화를 통해 가성비를 최대한 끌어올려야 하기 때문이다.

홈플러스는 일명 AI 최저 가격이라는 개념을 도입했다. 생성형 AI를 활용한 방식인데, 알고리즘을 활용해 고객 수요가 많은 50가지의 먹거리와 생필품을 선정한다. 상품 라인업은 매주 바뀌는데, 대형마트의 온라인 쇼핑몰 가격을 비교하여 업계 최저가 수준으로 가격을 인하한다. 생성형 AI 알고리즘은 방대한 데이터를 빠르게 수집하고

사려고 하지 않았던 사람도 살 마음이 들게 한다.(출처: 홈플러스)

가격을 판단한 후 제시한다.

매주 바뀌는 50가지 상품에는 원하는 제품도, 원하지 않는 제품도 있을 것이다. 꼭 사야 하는 사람은 관심 있는 고객이고, 그렇지 않다면 관심 없는 고객인 셈이다. AI를 활용한 최저가 산정 방식은 고객 세분화에서 관심 없는 고객에 해당하는 사람들도 반응할 가능성이 높다. 따라서 포괄적인 고객 세분화 마케팅에 해당한다.

AI

화룡점정은 내가 찍는다, 콘텐츠 인사이트 더하기

화룡점정이란 용을 그린 다음 마지막에 그려 넣는 눈동자를 뜻한다. 어떤 일이든 끝맺기 위한 가장 중요한 부분을 화룡점정이라고 한다. 그리고 업무의 화룡점정은 인간이 찍는 것이다.

예를 들어 한 기업의 주력 상품은 휴대폰 액세서리로, 주로 네이버 스마트스토어에서 팔리며 주요 타깃은 10~20대라고 하자. 이 제품의 마케팅을 위해 숏폼을 만들기로 했다. 그래서 "핸드폰 액세서리 판매를 위한 홍보용 숏폼을 제작하려고 해. 어떤 콘텐츠를 제작하면 좋을까?"라고 생성형 AI에 물었다.

생성형 AI가 제시한 다양한 답변 중 하나는 컬러 매칭이었다. 다양한 색상의 핸드폰 액세서리를 빠르게 보여주면서, 특정 색상 조합이 주는 느낌을 강조할 것을 조언했다. 예를 들어 핸드폰과 같은 색상의 액세서리를 매치하는 식이었다. 실제로 계획을 짜고 진행하는 건 사람의 몫이고 콘텐츠 요소는 스토리보드를 짜야 한다. 즉, 어떤 핸드폰 기종을 준비할 것인지, 어떻게 매칭할 것인지 사람이 고민해야 한다. 한편 이와 비슷한 영상은 없는지 미리 확인해 볼 필요가 있다. 애써 만든 콘텐츠가 표절 시비에 휩싸일 수도 있기 때문이다. 이렇듯 업무의 화룡점정은 사람이 찍어야 한다.

또 다른 답변은 고객이 제품을 사용하고 느낀 점을 짧게 인터뷰하거나, 그들이 제품을 사용하는 모습을 보여주라는 것이었다. 실제로 사용자들이 느끼는 제품의 장점을 자연스럽게 전달할 수 있기 때문이다. 이런 콘텐츠를 만들기 위해선 리뷰를 수집하고, 마케팅에 활용할 대상을 걸러내야 한다. 결국 인간이 직접 움직여서 만들어야 한다.

게다가 트렌디한 배경음악을 강조하기도 했는데, 최근 유행하는 음악이나 밈을 활용하여 제품을 소개하라는 것이다. 그러나 어떤 음악이 트렌디한지, 제품과 어떤 음악이 어울리는지 등은 사람이 고민해야 한다. 그러니까 생성형 AI가 전해준 아이디어만 가지고는 마케팅 실무 수행은 어렵다.

그런데도 많은 경우 전략 없이 생성형 AI에 묻고, 나온 답변을 그대로 활용한다. 마케팅 담당 인력이 부족할수록 이런 식의 마케팅을 진행한다. 인력이나 자본이 부족한 상황이라면 생성형 AI에 의존하고, 생성형 AI가 내놓은 답을 기본으로 삼기 쉽다. 그러나 제대로 마케팅하려면 최종안을 도출하기까지 다양한 대화를 주고받으며 인사이트를 더해야 한다. 결국 실행에 옮기고 인사이트를 더하는 건 사람이 할 일이다.

굽네치킨은 인스타그램 콘텐츠에 생성형 AI를 적극적으로 활용한다. 인스타그램 계정 속 화자인 '에디터G'의 가상 작업 공간을 사진으로 구현한 'AI 그리드', 어도비 AI를 활용해 닭다리 모양 구름을 표현한 '굽네 구름', AI가 개발한 이색 메뉴를 다루는 '굽네 AI 신제품' 등 이전에는 찾아보기 힘들었던 색다른 AI 콘텐츠를 생성해 업데이트했다. 그 결과 인스타그램 계정에 대중이 반응하기 시작했고, 팔로워 순증가율 60%를 기록하는 성과를 얻었다. 굽네치킨은 자사의 제품 이미지와 마케팅 방향성을 적극적

생성형 AI와 사람의 인사이트가 더해지면 가장 좋다.(출처: 굽네)

으로 반영해, 생성형 AI와 기업의 마케팅 인사이트를 적절히 결합하고 있다. 생성형 AI가 도움을 주는 건 사실이지만, 마케팅을 아예 생성형 AI에 맡겨버리는 우를 범하진 않아야 한다.

MZ와 알파세대의 콘텐츠 생산력, 창의력의 방향을 바꿔라

MZ세대와 알파세대에게 최적화된 마케팅을 진행하도록 돕는 게 생성형 AI이고, 빠르게 변화하는 뉴미디어 시장에 적응하는 방식 중 하나가 생성형 AI의 활용이라고 언급했는데, 이때 생산성의 방향을 바꾸면 도움이 된다.

우선 대중이 참여할 수 있는 방식을 만들어야 한다. 생성형 AI를 활용해 대중이 콘텐츠를 만들고, 콘텐츠를 SNS 등 다양한 뉴미디어에 인증할 수 있도록 독려한다. 과거에는 콘텐츠를 만드는 과정이 어려워 일반인들은 참여하기 어려웠지만, 생성형 AI는 누구나 콘텐츠를 만들 수 있게 해준다. 대중의 참여를 통해 지속적인 콘텐츠 생성을 기대할 수 있다는 말이다.

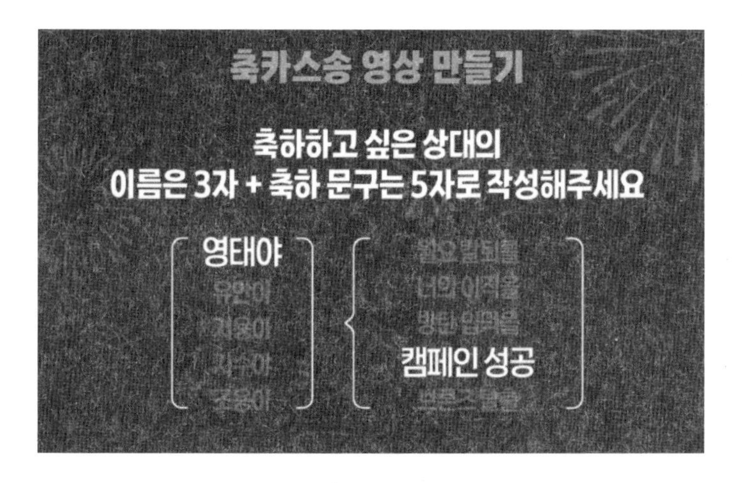

축하하고 싶은 건 다 하라고 하니 많은 사람들이 참여했다.(출처: 오비맥주)

오비맥주 카스는 일명 '축카스' 캠페인을 진행했다. 일상적인 순간에서 축하할 일이 생기면 마음을 나누라는 캠페인이다. 여기에 오비맥주는 생성형 AI를 적용했다. 온라인 축하 영상 서비스 '축카스송 보내기'에서 축하하고 싶은 대상의 이름과 메시지를 입력하고 적합한 댄스 영상을 선택하면 AI 목소리로 축하 메시지가 담긴 노래와 영상이 생성된다. 단순 축하 영상이 아니라, 가수가 축하해준 영상이다. 이런 특이성 때문에 많은 사람이 참여했고, 카스와 연관된 영상이 여러 곳에 업로드되었다. 이는 생성형 AI를 활용한 무한루프의 중심을 대중에게 맡긴 영리한 사례다.

대중이 직접 이미지를 생성하고 퍼나르는 과정을 르노코리아는 알고 있었다.(출처: 르노코리아)

르노코리아는 일찍이 재미있는 이벤트를 펼쳤다. 생성형 AI를 활용해 자신만의 SM6 디자인을 제작하는 것이었다. 키워드로 이미지를 생성하는 AI를 도입해 누구나 자신만의 SM6 이미지를 제작할 수 있도록 했다. 생성된 이미지를 콘테스트에 제출하려면 설명이 필요한데, 이 또한 챗GPT를 통해 생성할 수 있도록 했다. 이렇듯 콘테스트에 참여하는 진입장벽을 제거했다. 즉, 콘텐츠 제작에 대한 부담과 작품을 제출하는 과정에서 느끼는 부담을 없앤 것이다. 르노코리아는 이런 식으로 대중에게 주도권을 넘겼다. 이처럼 생성형 AI를 활용해 기업과 브랜드가 직접 움직이는 과정뿐만 아니라, 대중의 참여와 행동을 유도하는 방식까지 고려해야 의미 있는 마케팅 전략이 완성된다.

*

이 책에서 제시한 4가지 방법은 새로운 기능이나 방향성이 나온다고 해도 기본이 되는 방향이다. 무엇보다 마케팅은 사람이 하는 것이다. 각자의 경험, 상품이나 서비스에 따라 다양한 목표를 세울 수 있고, 그 과정에서 발전해가는 게 바로 마케팅이다. 생성형 AI로 오늘보다 더 나은 내일을 준비하길 바란다.

AI

생성형 AI를 사용할 때 조심할 점

생성형 AI를 통해 만들어낸 이미지와 영상은 사용 범위가 설정되어 있다. 상업적 사용은 물론이고, 마케팅 방법에 따라 사용 가능한 범위가 설정되어 있을 가능성이 높다. 생성형 AI 서비스를 구독하고 있다고 해서 마케팅에 무제한 활용할 수 있는 게 아니다. 그러므로 마케팅을 계획하기 전에 사용 범위나 제한적인 사항을 미리 확인해야 한다. 실제로 마케팅을 진행하려다가 큰 낭패를 볼 수도 있기 때문이다.

생성형 AI가 결합된 콘텐츠 제작 플랫폼을 무료로 사용하고 있는 경우, 기능에 큰 무리가 없으면 무료로 활용한다. 그런데 무료 서비스만 활용하는 경우 마케팅 목적을 위한 사용에 제한이 있다. 유료 서비스를 써도 제한이 있는데, 무료 서비스는 당연하다. 제한 범위를 확인조차 하지 않은 채, 잘못 활용하는 경우가 많다. 그러므로 사전에 활용 범위를 체크하고 사용해야 한다.

생성형 AI가 독창적이라고는 하나, 나만 쓰는 건 아니다. 각자의 질문 방향에 따라 생성형 AI는 다른 답을 내놓지만, 질문 방향이 유사하다면 어떻게 될까? 같은 제품을, 유사한 방향으로 콘텐츠를 만들면 비슷한 대답이 나올 수도 있다. 그런데 마케팅 담당자가 별다른 의심 없이 활용했다간 가장 피하고 싶었던 유사성의 오류를 범할 수 있다.

생성형 AI는 이미 글로벌이다. 나만 쓴다는 건 애초에 불가능하다. 스스로 봇을 만들거나 시스템에 접목해 새로운 학습을 시키지 않는다면 말이다. 가장 좋은 건 각자의 활용 방식을 찾는 것이다.

삼성 SDI는 자체 생성형 AI 시스템과 기타 생성형 AI 활용법 등을 소개하기 위해 아예 웹드라마를 만들었다. 생성형 AI만 활용하려고 했다면, 누구나 뻔하게 느낄 만한 홍보물이 나왔을지도 모르겠다. 스토리를 만들고 웹드라

삼성 SDI는 생성형 AI를 알리기 위해 아예 웹드라마를 제작했다.(출처: 삼성 SDI)

마라는 아이디어를 더하니 독창적일 수 있었다. '한 끗' 차이가 새로움을 만든다는 걸 기억해야 한다.

최신성에 대한 부분도 함께 고려할 필요가 있다. 생성형 AI는 각자 자료를 수집하는 방식과 기준, 시점이 다를 수 있다. 어떤 정책이 있었는데 한 달 전에 폐기되어 더 이상 적용되지 않는다고 하자. 해당 정책이 사용된 분야에서 마케팅하며 그에 관한 정보를 활용했다. 생성형 AI의 자료 판단 시점이 한 달 전이라면 이미 없어진 정책을 정보로 활용할 수도 있다. 그러면 대중은 신뢰성에 의문을 품을 것이다. 따라서 생성형 AI의 답변을 활용할 때는 반드시 크로스체크가 필요하다.

자료를 체크할 때는 다양한 생성형 AI 모델에 같은 질문을 해보는 것도 좋다. 챗GPT는 가장 확실하고 범용적으로 활용할 수 있는 생성형 AI 모델이다. 접근성도 좋으니 자료를 묻는 가장 기본적 통로로 활용하되, 시의성이 있는 자료는 다른 생성형 AI 모델에 질문해야 한다. 이렇게 나온 답을 비교한다면, 시의성 문제로 생길 수 있는 신뢰성 저하를 극복할 수 있을 것이다.

앞으로 더 많은 생성형 AI 모델을 현실에서 마주칠 것이다. 저마다 특색 있는 모습을 드러낼 것이며, 지금보다 나은 수준의 생성형 AI가 다양한 기능을 보여줄 것이다. 새로운 기술은 활용하는 사람의 몫이다. 그러므로 생성형 AI를 마케팅 업무를 분담할 파트너로 만들어야 한다. 생성형 AI가 지닌 장점을 극대화하고, 그간 마케팅 업무 현장에서 느꼈던 어려움을 순차적으로 해소할 수 있길 바란다.

2부.

생성형 AI 마케팅, 실무에서 앞서가는 법

생성형 AI 마케팅: 브랜딩

AI

상품 기획, 유통과 판매 빼고 다한다?

상품을 만들어내는 건 누구나 힘들다. 상품이 있다면 나머지는 어떻게든 흘러간다.

이제 설명하는 것은 플랫폼마다 기준이 다르다. 챗GPT의 경우 업무를 수행하는 PC를 기준으로 설명한다. 모바일 활용이 편하다면 설명한 그대로 모바일에서 활용할 수도 있다. 앱으로만 접근 가능하거나 접근이 더 편한 경우는 이를 기준으로 설명한다. 또한 모든 기준은 빠르게 실습에 적용하는 것을 돕기 위해 무료 버전으로 설정했다. 하지만 마케팅에 활용하겠다는 의지가 있다면 유료 버전을 사용해야 한다.

기획을 시작하려면 무엇부터 고민해야 할까? 기획 아이디어가 시장성이 있는지 파악해야 한다. 시장성이 없다면 기획할 필요가 없다. 생성형 AI를 활용해 자료 수집해서 시장성을 파악할 수 있다.

예를 들어, 초콜릿을 만들려고 하는데, 지역 상권을 대상으로 중저가 제품을 내놓으려고 한다. 카페와 연계하거나 인터넷 상거래를 활용해서 판매할 예정이다. "초콜릿 제품을 새롭게 출시하려고 해. 시장성에 대한 자료와 분석을 부탁해"라고 생성형 AI에 질문을 던졌다. 그러자 다음과 같은 답이 나왔다.

◆ **시장 현황**

글로벌 초콜릿 시장 규모: 초콜릿 시장은 지속적으로 성장하고 있습니다. 2023년 기준 글로벌 초콜릿 시장 규모는 약 1,500억 달러를 넘어섰으며, 2024년까지 연평균 성장률(CAGR) 4~5% 수준으로 성장할 것으로 예상됩니다.

지역별 시장: 초콜릿 소비는 북미와 유럽이 가장 큰 시장을 형성하고 있으며, 아시아 태평양 지역은 급속한 경제 성장과 함께 높은 성장 잠재력을 보이고 있습니다.

특히, 중국과 인도의 소비 증가가 주목받고 있습니다.

◆ 소비자 트렌드

프리미엄 제품 선호: 소비자들이 더 나은 품질과 특별한 맛을 찾으면서 프리미엄 초콜릿 시장이 빠르게 성장하고 있습니다. 유기농, 공정 무역, 고급 원재료를 사용한 제품들이 인기를 끌고 있습니다.

건강 및 웰빙 트렌드: 소비자들은 건강을 고려한 초콜릿 제품에 관심을 가지며, 설탕 함량이 낮거나 다크 초콜릿, 고단백, 저칼로리 제품들이 주목받고 있습니다.

◆ 리스크 및 고려 사항

원자재 가격 변동: 카카오, 설탕 등 원자재 가격 변동에 따라 비용이 영향을 받을 수 있습니다. 안정적인 공급망 구축이 중요합니다.

소비자 취향 변화: 건강 트렌드, 환경 보호에 대한 인식 증가 등으로 인해 제품이 시장의 변화에 맞춰 빠르게 적응할 수 있어야 합니다.

경쟁 심화: 이미 경쟁이 치열한 시장이므로, 강력한 차별화 요소가 없다면 진입에 어려움을 겪을 수 있습니다.

초콜릿 시장 규모나 지역별 시장 예측까지 포함하여 정확하게 설명했다. 제품 기획이 옳은 생각인지 대략적인 판단이 가능할 정도다.

하지만 트렌드를 보니, 프리미엄 제품을 선호한다는 대답이 나왔다. 중저가 브랜딩은 트렌드와 어긋난다. 그렇다고 모든 고객이 무조건 프리미엄만 사는 건 아니니, 참고할 수는 있겠다.

리스크도 짚어준다. 시간과 노력을 들여 시장 조사를 해야만 알 수 있는 정보다. 그런데 문제가 있다. 지역 상권과 카페와 연계하려 했는데, 생성형 AI는 기업 수준에서 제품을 출시하는 것처럼 답했다. 그래서 "만약 카페나 인터넷 쇼핑몰에서 판매한다면 어떨까?"라고 추가적으로 질문한다.

온·오프라인 연계: 카페에서의 판매와 인터넷 쇼핑몰에서의 판매를 연계하여 옴니채널 전략을 구사할 수 있습니다. 예를 들어, 카페 방문 고객에게 온라인 쇼핑몰 할인 쿠폰을 제공하거나, 온라인 구매 시 카페에서 사용할 수 있는 혜택을 제공하는 식으로 교차 프로모션을 진행할 수 있습니다.

고객 데이터 활용: 인터넷 쇼핑몰을 통해 얻은 고객 데이터를 분석하여 마케팅 전략을 최적화하고, 카페에서의 고객 경험을 향상시킬 수 있습니다. 고객의 취향, 구매 패턴 등을 분석하여 맞춤형 제품 제안을 할 수 있습니다.

옴니채널은 고객 구매 경험을 위해 자주 동원되는 개념으로 흩어진 채널을 하나로 모아 연결하는 것이다. 오프라인 채널에서 쇼핑몰 할인 쿠폰을 제공해 온라인 채널에 방문하게 만드는 식이다. 이렇게 채널을 모두 연결해 의미 있는 경험을 제공하는 것이다.

한편 패키징과 같은 작업도 생성형 AI의 도움을 받을 수 있다. 제작에 필요한 아이디어를 묻자 다음과 같은 답을 주었다.

로고와 컬러 스키마: 브랜드의 로고와 대표 색상을 패키지에 잘 반영하여 브랜드 인지도를 높입니다. 초콜릿의 품질과 브랜드 메시지를 시각적으로 전달할 수 있는 색상과 디자인을 선택하세요. 예를 들어, 프리미엄 초콜릿이라면 금색, 은색 또는 어두운 색조를 사용

하여 고급스러움을 강조할 수 있습니다.

고급스러운 텍스처: 포장지에 특수 질감을 적용하여 손에 닿는 느낌도 중요합니다. 예를 들어, 매트한 마감, 엠보싱, 금박 인쇄 등은 제품의 고급스러움을 더할 수 있습니다.

색깔이나 질감, 마감 등 디자인을 세세하게 언급하며 실제 업무 사항을 바탕으로 더 많은 이야기를 끌어내면, 브랜딩에 필요한 대부분 과정을 생성형 AI와 함께할 수 있다.

길게 보는 것만이 답은 아니다? 생성형 AI 활용 브랜딩 전략 3가지

생성형 AI를 브랜딩에 적용하면 다양한 과정을 편하게 수행할 수 있다. 다만, 몇 가지 전략이 필요하다. 브랜딩의 기본은 의미 있는 소비자 경험과 미래를 내다보는 전략이다. 제품 혹은 브랜드를 충분히 경험하게 하고, 긍정적 이미지를 형성한다. 우선 최대한 많은 '조건'을 찾아 적용한다. 질문을 위한 상황을 세세히 설정하지 않거나 허술하게 설명하면 답변도 그만큼 구체적이거나 실제적이지 않을 것이다. 제품이나 타깃, 조건 등 다양한 사항을 설정하고 해당 키워드를 가지고 대화를 이어간다.

의류 제품을 출시한다고 할 때 단순히 의류라고만 하

면 생성형 AI와 기획을 진행하긴 어렵다. 지나치게 광범위하기 때문이다. 어떤 종류의 의류인지, 의류의 타깃은 누구인지, 예상 가격대는 어떤지, 재질이나 디자인은 어떤지 등을 정한다. 일반적인 조건을 충분히 고려한 후 생성형 AI와 대화를 시작해야 한다. 대화를 지속하려면 조건이 필요하다. 예를 들어보자.

생성형 AI 상품 기획: 중저가 영양제, 네이버 스마트스토어 판매, 피로 회복에 도움이 되어 많은 일을 할 수 있다는 점 강조, 비슷한 가격대의 유사한 제품 수집 및 비교, 다른 제품은 비타민을 강조하므로 그 외의 다른 영양소를 강조

괜찮아 보이지만, 아쉽게도 한 가지가 빠져 부족한 답을 얻을 가능성이 높겠다. 바로 타깃이다. 누구한테 판매할 것인지가 빠졌다. 이 부분을 보완한다면, 생성형 AI를 활용한 상품 기획은 의미가 있다.

두 번째로는 같은 '창'에서 질문한다. 생성형 AI는 대화 이력을 저장한다. 그래서 끊겼던 대화를 재개할 수 있다. 같은 창에서 대화를 이어가면 풍부한 이야기를 얻을 가능

성이 높다. 생성형 AI가 맥락을 파악하기 때문이다.

ChatGPT

ChatGPT

GPT 탐색

오늘

초콜릿 시장 분석

지난 7일

핸드폰 액세서리 숏폼 제작

챗GPT 의 좌측 메뉴에는 그간 나눴던 대화가 기록되어 있다.(출처: 챗GPT)

세 번째는 유사성을 판별해야 한다. 브랜딩 아이디어를 잘 도출하고 생성형 AI를 통해 가능성을 점검해도 다른 결과물과 유사하다면 의미가 없다. 이미 비슷한 사례가 출시된 적이 있다면, 아무리 노력해도 유사품이라는 브랜딩 말고는 얻을 게 없다. 그러므로 생성형 AI를 활용해 검토할 필요가 있다. 최대한 자세히 브랜딩 요소에 대해 서술하고 유사 사례를 찾아달라고 요청하면 된다. 앞에서 살펴본 초콜릿의 유사 사례를 찾게 했다.

**A. 고양이 캐릭터를 활용한 브랜드

- **캐드베리(Cadbury)의 "Catz" 시리즈:** 캐드베리에서는 과거에 "Catz"라는 이름으로 고양이 캐릭터가 등장하는 초콜릿 제품을 출시한 적이 있습니다. 이 제품은 귀여운 고양이 이미지를 중심으로 패키지 디자인이 이루어졌으며, 아이들과 고양이를 좋아하는 소비자들 사이에서 인기를 끌었습니다. 다만, 이 제품은 현재는 주요 시장에서 흔히 볼 수 없는 상태입니다.
- **킷캣(KitKat) 일본 한정판:** 일본에서는 고양이 캐릭터를 활용한 킷캣 한정판 제품이 출시된 바 있습니다. 이 제품은 포장에 고양이 그림이 그려져 있으며, 일부 제품에는 운세와 관련된 메시지가 담겨 있어 재미를 더했습니다.

**B. 친환경 패키지를 활용한 초콜릿 브랜드

- **에코카카(Ecocacao):** 이 브랜드는 100% 재활용 가능한 포장재를 사용하는 초콜릿으로 유명합니다. 이들의 패키지는 종이, 생분해성 필름 등 친환경 소재로 제작되며, 포장 디자인 자체는 간결하면서도 환경을 생각하는 메시지를 전달합니다.
- **에콜로지코(Ecologico):** 이 브랜드는 지속 가능성을 강조하며 초콜릿 패키지에 재활용 종이와 식물성 잉크를 사용합니다. 또한, 포장에 간단한 메시지와 자연을 연상시키는 디자인을 포함시켜 친환경적인 브랜드 이미지를 강조합니다.

패키지와 같은 디테일한 사항에 대해 세밀한 의견을 낸다.(출처: 챗GPT)

유사 사례를 직접 찾아주고, 유사성을 극복할 수 있는 차별화 전략도 제시한다. 이 중 하나는 다음과 같다.

컬렉션 요소 추가: 여러 종류의 고양이 캐릭터를 시리즈로 출시하여 소비자들이 다양한 캐릭터를 수집할 수 있도록 유도합니다. 시즌별로 다른 캐릭터를 선보이거나, 한정판 캐릭터를 제작해 제품에 희소성을 더할 수 있습니다.

브랜딩 아이디어에 대한 유사성 판단과 이후 대응 방향은 브랜딩 과정에서 중요한 부분이며, 생성형 AI를 활용한 브랜딩 전략에서 가장 중요한 요소다.

반응 수집, 그래서 난 앞으로 무엇을 해야 하나?

제품이나 서비스 출시 단계에 도달하면 마음이 놓이겠지만 아직 이르다. 반응을 판단하는 과정이 남아 있기 때문이다.

제품이나 서비스 브랜딩이 성공했다면 후속 행보를 고려해야 한다. 반대로 실패했다면 무엇이 문제였는지 파악해야 한다. 실무자와 회의를 통해 내부적으로 판단하는 것도 중요하지만, 대중의 반응을 수집할 필요도 있다. 성공 또는 실패의 이유를 구체적으로 알기 위해서다. 요즘에는 인터넷을 통해 반응을 수집하는 게 어렵거나 복잡하지 않다. 인터넷 쇼핑몰 페이지에 달린 댓글을 확인하거나, 업로드한 콘텐츠에 달린 댓글을 확인하면 된다. 유튜브나 인스타그램에 제품이나 서비스 후기 콘텐츠가 올라왔다면, 그 댓글도 수집할 필요가 있다. 각종 커뮤니티의 후기나 제품 및 서비스 해시태그를 검색해 연관 게시물을 수집한 후 반응을 체크할 수도 있다. 그만큼 다양한 플랫폼에서 반응을 수집할 수 있는 게 뉴미디어의 강점이다.

만약 제품이나 서비스를 출시한 기업이 대중에게 잘 알려진 곳이라면, 생성형 AI에 물어봐도 답을 얻을 것이다. 글로벌 기업은 검색의 범주를 해외까지 넓힐 수도 있다.

The Samsung Bespoke refrigerator series has garnered a mix of positive and critical reactions from consumers.

Positive Feedback:

- **Design and Customization:** Many users love the sleek and modern design, particularly the ability to customize the refrigerator panels to match their kitchen décor. This feature has been a standout, with some users describing the fridge as a stylish centerpiece in their kitchen.
- **Performance and Features:** The cooling performance and flexibility of the storage options, such as the 4-Door Flex design, have also received praise. The beverage center, auto-fill water pitcher, and dual ice maker are considered luxurious additions that enhance convenience.
- **Smart Features:** The integration with the SmartThings app allows users to monitor and control the refrigerator remotely, which has been appreciated by tech-savvy customers.

글로벌 기업의 경우에는 해외 데이터까지 찾아 분석해주기도 한다.(출처: 챗GPT)

앞의 예는 삼성 냉장고 제품에 대한 소비자 반응과 리뷰를 분석해달라고 요청한 것에 대한 영어 답변이다. 긍정적 피드백과 부정적 피드백이 모두 있었는데, 구체적인 자료를 알 수 있어 소비자 반응 분석에 도움이 되었다.

한편 검색 자료가 풍부한 대형 기업이 아닌 경우에는 댓글을 캡처해서 수집해야 한다.

챗GPT의 대화창 왼쪽을 보면 파일 첨부 가능이 있다.(출처: 챗GPT)

챗GPT에는 다양한 파일을 업로드할 수 있고, 반응 댓글 캡처본도 업로드가 가능하다. 챗GPT를 비롯한 생성형 AI는 발화 의도나 분위기를 통해 댓글에 담긴 감정까지 판단한다. 물론 생성형 AI는 실수하기도 한다. 사람의 감정을 읽기가 쉽지 않은 데다 사람마다 글 쓰는 방식이 다르기 때문이다. 하지만 다량의 자료를 처리할 때는 도움이 된다. 마케팅 업무 환경에서 필요한 반응에 대한 정리를 빠르게 수행할 수 있으며, 이 자료를 바탕으로 브랜딩 과정에 뒤따르는 후속 업무를 결정할 수 있다.

유의할 점은 전반적인 반응을 정리할 때는 생성형 AI를 적극적으로 활용하고, 세부적인 피드백은 사람이 직접 해야 한다는 사실이다. 생성형 AI는 긍정, 부정으로 표현되는 대표적 반응은 분석할 수 있다. 생성형 AI가 분석하는 반응은 시장에서 어떤 평가를 받고 있는지 분석할 때 기초가 되지만 제품이나 서비스에 대한 세부적 사항은 파악하기 어렵다.

예를 들면 핸드폰이 좋다, 나쁘다는 식의 기초적인 반응이 있는 한편, 세부적 사항이 있을 수 있다. 카메라 기능이라든가 내구성에 대한 문제 등 보완이 필요한 핵심 기능이나 요소는 생성형 AI가 판단하기가 버거울 것이다. 따라서 세부적 수정이나 발전적 포인트를 더하고 싶다면 반드시 사람이 직접 자료를 판단하는 과정이 필요하다.

생성형 AI 마케팅: 개인화

AI

개인화 없이는 마케팅도 없다, 개인화 마케팅 시대

그간 개인화 마케팅은 대부분 AI나 알고리즘의 힘을 빌린 경우가 많았다. 달걀을 2~3주에 1판 정도 소비한다면, 생성형 AI는 이런 정보를 수집한다. 그리고 그 주기에 맞춰 알람을 보낸다. 사람이 구매하는 수많은 상품군 중에 이렇게 반복적으로 구매하는 상품이 많다. 일상적으로 구매하는 것도 있고, 관심사에 따라 반복적으로 구매하는 상품도 있다.

생성형 AI로 개인화하여 마케팅하는 LG유플러스의 사례를 살펴보자. IPTV에 자체 개발한 생성형 AI인 '익시'를 적용한 AIPTV가 있다. 고객은 모든 TV 시청 여정에 적용되는 '지능형 시청 도우미'를 경험할 수 있다. 맞춤형 콘텐츠 추천은 기존 OTT와 같지만, 24시간 불편 사항을 해결해주는 생성형 AI 챗봇, 콘텐츠 검색 이력을 즉시 반영해 추천하는 유사 콘텐츠, 10분 만에 알아서 자동 생성하는 자막 등 새로운 기능이 많다. 유사 콘텐츠 추천은 시청 이력을 바탕으로 하는데, LG유플러스의 AIPTV는 검색까지 반영해 직관적인 모습을 보인다.

이렇듯 개인화된 고객 경험을 제시해야 마케팅이 선순환 구조를 그릴 수 있다. 이런 식으로 생성형 AI를 적용해 판도를 바꾸는 기업이 늘고 있다.

뱅크샐러드는 생성형 AI를 전면에 내세운다. 인터넷, 빅데이터, 뉴스 등 거대한 데이터를 학습한 AI에 마이데이터를 더해, 개인이 문제를 해결해야 하는 다양한 상황에서 개인의 금융·자산 정보를 결합해 아주 개인화된 대답을 제시한다. 금융 및 자산 관리 영역에서 사용자가 알아야 할 정보를 제공하고, 정보에 관한 질문을 추천하거나 사용자가 직접 입력한 질문에 대답하는 AI를 전면에 내세운 것이다.

뱅크샐러드의 생성형 AI 챗봇은 사용자의 니즈를 이해하는데, 맥락이나 상황 등 다양한 조건을 판단 기준으로 삼

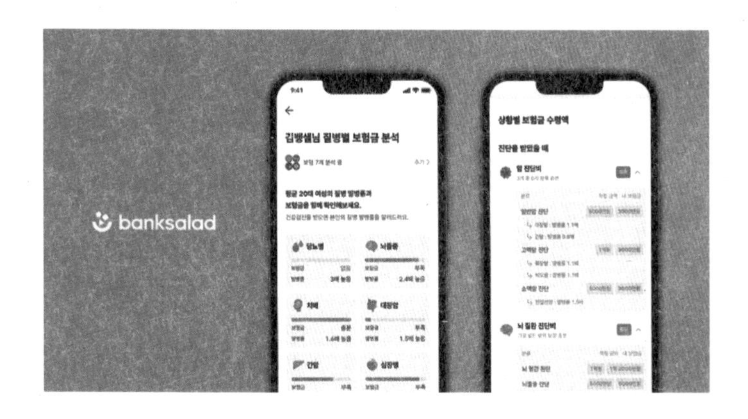

금융 서비스는 마케팅 기반이 아예 생성형 AI를 활용한 개인화로 넘어가고 있다.(출처: 뱅크샐러드)

는다. 그래서 데이터를 분석하고 개인화된 답변을 내놓는다. 금융에 대한 이해가 높은 고객뿐 아니라 이해도가 낮은 고객도 사용할 수 있다. 고객의 이해 수준에 맞춰 개인화된 답을 내놓기에 서비스에서 이탈하는 비율이 줄어든다. 개별화된 해답의 제시가 곧 마케팅인 셈이다.

고객의 감동 끌어내는 법, 생성형 AI를 통한 개인화 마케팅 방향성 3가지

개인화 마케팅에 생성형 AI가 더해지면 다양한 해법이 제시된다. 문제는 이런 시스템을 구축하는 게 쉽지 않다는 것이다. 기업이 비용을 집행하고 투자하지 않는다면, 새로운 해답을 찾아야 한다.

필자가 제시하는 해법은 쉽게 접근할 수 있는 생성형 AI를 통해 개인화 마케팅을 진행하라는 것이다. 고객 분류를 통해 각각 개인화된 접근을 진행하되, 생성형 AI를 활용한다면 이 과정도 어렵지 않게 해결할 수 있다.

예를 들어 옷 쇼핑몰을 운영하고 있는데, 고객의 방문 횟수와 페이지뷰 수 등의 데이터를 기반으로 구매 가능성

	사이트 방문	페이지뷰
A고객	1	10
B고객	4	4
C고객	5	8
D고객	2	4

이를 기반으로 각 고객의 잠재력을 분석해보겠습니다. [>-]

분석 결과를 기반으로, 각 고객의 핵심 지표는 다음과 같습니다:

- **C**: 사이트 방문 5회, 페이지뷰 8회, 페이지뷰 당 방문 1.6회
- **B**: 사이트 방문 4회, 페이지뷰 4회, 페이지뷰 당 방문 1.0회
- **D**: 사이트 방문 2회, 페이지뷰 4회, 페이지뷰 당 방문 2.0회
- **A**: 사이트 방문 1회, 페이지뷰 10회, 페이지뷰 당 방문 10.0회

분석 결과:

- **C**는 가장 많은 사이트 방문(5회)과 두 번째로 많은 페이지뷰(8회)를 기록하여 전체적으로 참여도가 높습니다.
- **A**는 한 번의 방문에서 가장 많은 페이지뷰(10회)를 기록했지만, 방문 횟수가 적습니다.
- **B**는 비교적 평균적인 방문 수와 페이지뷰를 보이며, **D**는 A보다 더 많은 방문을 했으나 페이지뷰는 적습니다.

챗GPT에 데이터를 업로드하고 질문하면 분석 결과를 내놓는다.(출처: 챗GPT)

이 높은 고객을 찾아내려고 한다. 이때 생성형 AI로 어떻게 개인화 마케팅을 할 수 있을까?

먼저 자료를 수집해야 하는데, 위의 표와 같은 데이터가 있다고 하자. 웹사이트나 어플이 있다면 확인할 수 있는 데이터다. 특히 상거래와 연관된 서비스를 하고 있다

면, 고객 DB에 따라 분류할 수 있는 대표적 항목이다. 이를 챗GPT에 업로드한 후, 질문을 던진다.

이렇게 분석한 결과, 가능성이 있는 고객에게는 의미 있는 광고 메시지로 고객화를 노리고, 가능성이 없는 고객은 일반적 마케팅 활동으로 인지도만 유지한다. 이 방식을 꾸준히 진행하면 관심 정도에 따라 개인화할 수 있다.

또 다른 사례를 살펴보자. 네이버 스마트 스토어에 입점해 있는데 회원별 데이터를 수집하기 어려운 대신 상품별 자료는 수집할 수 있다고 한다.

	상세페이지 조회	총 조회 시간
A상품	2	2분
B상품	3	3분
C상품	1	3분
D상품	4	2분

대개 외부 플랫폼에 입점한 경우 상품의 상세 페이지를 얼마나 조회했는지, 조회 시간은 얼마나 되는지 등의 자료를 수집할 수 있다. 이외에도 상품별 자료를 수집해서 활용해 개인화 마케팅을 진행할 수 있다. 물론 고객의 개인화 마케팅은 아니지만, 각 상품의 개인화 마케팅이 된

다. 상품이나 서비스를 공급자 입장에서 세분화하는 것도 개인화 마케팅에 포함된다고 볼 수 있다.

자료를 분석한 챗GPT는 D가 가장 많은 페이지 뷰를 기록했지만, 뷰 시간 자체는 짧아 의미를 부여하긴 어렵다고 판단했다. 또한 B는 가장 높은 뷰 시간을 기록했지만, 전체 뷰 수는 좋지 않은 수준이라고 이야기했다. 챗GPT는 뷰 수와 뷰 시간을 더해 공식으로 환산했고, 이 결과치에 따라 B와 D를 가장 판매 가능성이 높은 제품으로 제시했다.

뷰 시간이 높다는 건 해당 제품의 상세 페이지가 잘 구성되어 있거나, 대중들이 구매하는 데 참고할 만한 자료가 많다는 뜻이다. 하지만 이게 전부는 아니다. 뷰수도 중요한 지표다. 많이 본 만큼 고객이 관심을 두고 있거나, 제품 중 가장 대중 친화적이라는 뜻일 수 있다. 따라서 두 가지 지표를 적절히 혼합해 해석하는 챗GPT의 방식이 옳다.

상품, 페이지 등과 연관된 데이터는 다양하므로, 상품별 개인화 마케팅을 진행할 수 있도록 환경을 만들면 더 나은 성과를 기대할 수 있을 것이다.

마지막으로는 관심사의 개인화가 있다. 다양한 정보 중, 1명의 고객을 기준으로 활동 지표를 수집한다. 30대인 고객 A가 모바일로 쇼핑몰에 접속해 가전제품을 검색했다.

	검색 횟수	장바구니
A상품	4	X
B상품	5	O
C상품	9	O
D상품	2	X

때와 니즈에 따라 검색하는 제품은 달라지겠지만, 습관적으로 검색하는 제품이 있다거나 장바구니에 넣는 등 적극적인 행동을 한다면 구매할 가능성이 높다고 봐야 한다.

이렇듯 검색 횟수나 장바구니 담기, 페이지 뷰, 구매 주기 등 다양한 자료를 열거해 하나의 파일을 만들고, 생성형 AI에 자료 해석을 요청하여 도출한 결과에서 가장 구매 확률이 높을 것으로 예상되는 상품과 연관해 메시지를 발송할 수 있다. 깜짝 쿠폰을 증정할 수도 있겠다. 구매하려고 마음먹은 제품인데, 할인 쿠폰까지 제공되면 구매하지 않을 이유가 없을 것이다.

각 고객을 대상으로 개인화 전략을 세울 이유는 명확하다. A에게 관심 없는 제품에 대한 세일 정보를 발송하거나 쿠폰을 증정하면 짜증을 내며 수신 거부를 선택할 수도 있다. 개인화가 이뤄지지 않았기 때문에 감동 포인트가 없다. 하지만 개인화가 이뤄지면 관심사를 존중받는 것처럼 느껴질 테고, 브랜드 경험도 좋고, 구매 접근성 면에서도 훌륭하다.

생성형 AI를 통한 개인화 방향성은 모두 데이터 분석이라는 공통점이 있지만, 분석의 중심은 조금씩 다르다. 가장 좋은 건 3가지 방향성을 모두 구현하는 것이지만 생성형 AI의 도움이 있다면 어렵지 않다. 다양한 데이터에 대한 해석을 시도하고, 의미 있는 데이터를 찾아내는 과정을 수행해보길 바란다.

생성형 AI 마케팅: 콘텐츠

AI

이미지와 영상 생성의 마법: 콘텐츠

◆ 포인트 지정의 중요성, 이미지 생성하기

마케팅을 진행하면 많은 이미지가 필요하다. 이미지를 바로 업로드하거나, 카드뉴스를 제작하거나, 디자인 요소를 더해 2차 콘텐츠를 만들거나, 블로그 포스팅을 작성하는 등 다양한 환경에서 이미지가 필요하다. 이미지가 필요할 때마다 촬영하면 좋지만 일정이며 비용을 생각하면 쉽지 않은 일이다.

많은 플랫폼에서 이미지 생성 서비스를 제공하는데, 이 책에서는 접근성이 좋은 캔바와 망고보드를 활용하는 방법을 알아보고자 한다. 캔바와 망고보드에 회원 가입을

하고 유료로 서비스를 이용해야 한다. 무료 서비스는 기능이 제한적이고 활용 범위가 줄어들 수 있다.

먼저 캔바는 각종 이미지 관련 작업뿐만 아니라 동영상까지 커버할 수 있어 마케팅 환경에서 일반적으로 활용되는 플랫폼이다.

캔바는 간단하고 이해하기 쉬운 메뉴를 가지고 있다. 좌측 메뉴에 있는 Magic Studio에는 생성형 AI를 활용하

고 있는 캔바의 서비스를 총망라해놓았는데, 생성형 AI와는 상관없이 우측 상단에 있는 '디자인 만들기'를 클릭해 콘텐츠 만드는 화면으로 진입한다.

캔바의 강점 중 하나는 여러 가지 콘텐츠 형식을 제공하는 것으로, 필요에 따라 선택하면 된다. 가장 일반적으로 접근하는 인스타그램 게시물을 선택하면, 인스타그램 이미지 비율에 최적화되어 있다.

게시물 형식 선택 후 편집 화면으로 진입하면 좌측에 있는 메뉴바에서 요소를 클릭해 콘텐츠 편집 시 사용할

수 있는 재료를 선택할 수 있다. 이 중에서 AI 이미지 생성기를 활용한다. 콘텐츠 편집에 활용할 수 있는 다양한 이미지를 생성해준다.

생성형 AI만의 독특한 질감 때문에 이미지 사용을 피하기도 하는데, 캔바는 분위기를 지정할 수 있다.

중요한 건 이미지 생성에 대한 팁이다. 상황을 정확히 지정해야 생성형 AI가 이미지를 만들 수 있다. 콘솔 게임기를 파는 회사인데 환호하는 사람들의 이미지가 필요하

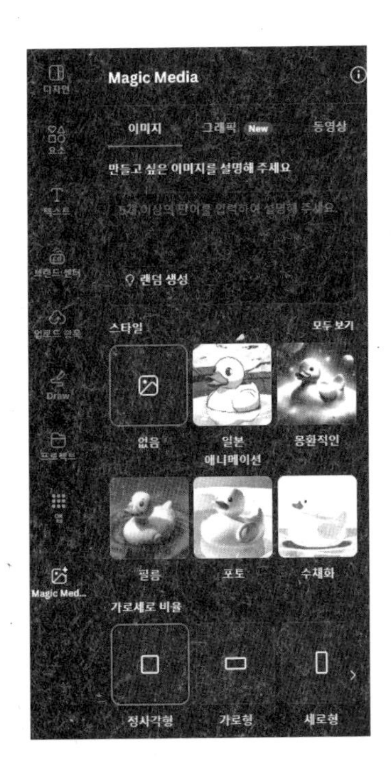

다면 기업의 방향성을 고려해 지정한다.

조건 1: 환호하는 사람들의 즐거운 모습

조건 2: 재미있는 게임 때문에 환호하며 즐거워하는 사람들의 모습

조건 1은 마케팅 주제 특성을 반영하지 못할 가능성이 높다. 각자 마케팅하는 제품과 서비스에 따라 상황은 다르므로 최대한 구체적으로 상황을 제시해야 생성형 AI를 통해 효율적으로 이미지를 만든다.

한편 조건 2의 게임이라는 단어도 명확하지만은 않다. 비디오 게임일 수도 있고, 사람들이 친목을 위해 즐기는 놀이일 수도 있으므로 좀 더 구체적으로 말해야 한다.

조건 3: 재미있는 비디오 게임 때문에 환호하며 즐거워하는 사람들의 모습

조건 1로 생성한 이미지와 조건 3을 통해 생성한 이미지를 비교해보면, 조건에 더 가까운 이미지가 무엇인지 알 수 있다. 이렇듯 정확한 조건을 제시해야 원하는 이미지를

더 빨리 얻어낼 수 있다.

망고보드 역시 생성형 AI를 활용해 간편하게 이미지를 생성할 수 있다. 망고보드는 캔바와 유사한 플랫폼으로 각종 템플릿은 꾸준히 업데이트되어 업무 활용에 부족함이 없고, 직관적이고 쉬운 편집 화면으로 좋은 평가를 받고 있다.

망고보드는 작업 화면 좌측에 AI 탭이 따로 있고 AI 갤러리 등 여러 가지 메뉴가 뜬다.

특히 스타일이 깔끔하게 정렬되어 있어서 정확하게 스타일을 지정하기에 좋다.

원하는 스타일을 선택하면 생성 탭으로 진입하며, 이미지 묘사나 고급 설정 등을 선택해 이미지를 생성할 수 있다. 조건에 대한 정확한 묘사만 있으면, 원하는 이미지를 곧장 만들어준다.

◆ 핵심 포인트 미리 정하기, Vrew를 이용한 영상 생성

이미지는 상황에 따라 다양한 플랫폼을 활용할 수 있다. 영상 역시 플랫폼이 많다. 이 책에서는 대중적으로 활용하는 Vrew를 통해 영상을 생성하는 방법을 알아본다.

Vrew는 자막을 생성한 후 영상에 반영하고 수정하는 과정이 매우 간편하고 쉬워 많은 사람이 활용한다. 사실 전문 영상 편집 프로그램을 쓰면 좋겠지만, 영상 편집 프로그램은 마케터가 활용하기가 쉽지 않다. 자영업자나 소상공인은 복잡한 영상 편집까지 소화하기가 어렵다.

무엇보다 영상 포인트를 미리 정해 간단한 대본을 작성하는 것이 중요하다. 예를 들어 사과에 대한 영상을 만들 때 다양한 스타일을 생각해볼 수 있다.

의학 및 생활 정보 관련 채널: 사과 효능, 사과 활용법

뷰티 채널: 사과 효능, 주로 피부에 연관된 주제로

요리 채널: 사과를 활용한 요리

사과 판매자: 할인 이벤트, 최저가에 대한 강조

무턱대고 영상을 생성할 게 아니라 주제에 맞춰 스타일을 정해야 한다. 의학이나 생활 정보 채널은 지나치게

가벼운 느낌이면 아쉬울 수 있다. 반면 뷰티나 요리 채널은 무거우면 엄숙한 느낌이 들어 접근성이 떨어질 것이다. 사과 판매자라면 톡톡 튀는 분위기로 구매를 유도하는 게 도움이 된다. 이렇게 미리 톤이나 느낌까지 모두 설정한 후, 기획안과 대본을 작성한다. 요리 채널이라면 다음과 같이 간단한 기획안을 작성할 수도 있다. 이렇게라도 기획안을 작성해두면 영상을 생성할 때 도움이 된다.

채널: 요리 채널

주제: 레시피

소재: 사과

내용: 사과를 활용한 샐러드

톤: 가벼운 톤, 톡톡 튀는 목소리

영상: 일러스트 같은 가벼운 느낌

이런 과정이 없다면, 잘못된 경로로 마케팅이 진행되어도 어디가 잘못됐는지, 어디서부터 수정해야 할지 알기 어렵다. 업무가 지나치게 늘어나는 상황은 방지해야겠지만, 꼭 필요한 과정은 놓치지 말아야 한다.

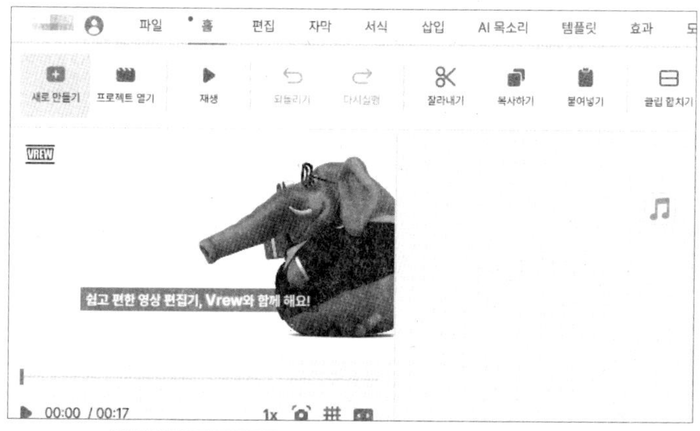

'새로 만들기'를 클릭하면 다양한 기능이 나열되는데, 이 중 텍스트로 비디오 만들기를 선택한다. 가지고 있는 대본을 활용하거나, 콘텐츠 내용을 간단히 설명하는 방식

으로 영상을 생성한다. 화면 비율이나 자막 길이, 위치 등을 사전에 미리 선택할 수 있다.

가장 많이 활용하는 쇼츠 비율을 택했더니 비디오 스타일을 정하는 화면이 나온다. 스타일 없이 시작해도 문제는 없지만, 미리 정해두면 마음에 드는 영상이 나올 확률이 더 높다.

주제를 정하고 대본을 작성하면 생성 직전까지의 업무가 완료된다. 우측 영상 요소란에 있는 AI 목소리는 넣을 수도 있고, 뺄 수도 있다. 직접 들어보고 분위기와 어울리는 AI 목소리를 선택하면 된다. '무료 비디오'를 선택하면 저작권에 문제없는 비디오를 찾아 생성형 AI가 영상 구성에 활용한다.

따로 비디오를 준비하지 않았도 생성형 AI가 무료 영상을 활용해 가장 어울리는 장면을 기획해준다. 이런 방식으로 영상을 생성하면, 필요한 콘텐츠를 확보할 수 있다.

꼭 제품이나 서비스에 대한 마케팅이 아니어도, 적당 수준의 채널 운영은 생성형 AI로도 충분히 가능하다.

*

3가지 플랫폼에서 이미지와 영상을 생성하는 방법과 중요 포인트를 대략적으로 알아보았다. 이미지와 영상 생성은 생성형 AI를 활용한 콘텐츠 전략에 기본이 된다. 마케팅 업무 현장에서도 가장 많이 활용하는 것인 만큼 스스로 업무 프로세스를 완성하면 좋다.

생성형 AI는 단순하지 않다. 반복적으로, 조금씩 명령을 달리하여 시도하면 더 나은 결과를 얻는 경우도 많다. 익숙해진 후에는 다양하게 생성해보길 바란다.

카피까지 완료: 상세 페이지 제작

◆ 셀링 포인트는? 챗GPT와 전반적인 구도 기획하기

웹에서 제품을 판매할 때 가장 많이 고민하는 것이 상세 페이지다. 이는 스마트스토어를 운영하는 소상공인만의 고민은 아니다. 콘텐츠를 판매하는 사람도 상세 페이지를 고민한다. 사실 챗GPT가 상세 페이지를 만들어주지는 않지만, 전반적인 구도를 기획할 때는 이를 활용하는 게 좋다. 어디서부터 시작할지, 내용은 어떻게 정리하고 배치할지 감을 잡기가 어렵기 때문이다. 이런 부분은 챗GPT에 맡기는 게 도움이 된다.

필자는 주요 직무 교육 사이트에 강의를 론칭해서 콘

텐츠를 제작한다. 그런데 상세 페이지는 대부분 교육 업체에서 기획해 제작하곤 하지만 때때로 의견을 더하고 싶을 때도 있다. 대개는 셀링 포인트가 없기 때문이다.

A: 고성능 컴퓨터

B: 그래픽 작업에 알맞은 컴퓨터

셀링 포인트는 B다. A는 셀링 포인트라기보다는 특성에 해당한다. 셀링 포인트는 마케팅을 위해 제품이나 서비스에 더하는 스토리를 가리킨다.

A: 부모님을 위한 건강 선물

B: 고함량 비타민

그러니까 이 경우에도 B는 제품의 특성에 해당하는 정보이고 A가 셀링 포인트가 된다. 이처럼 셀링 포인트와 특성을 헷갈리면 상세 페이지를 제대로 만들지 못한다. 마케팅을 위해 지정한 셀링 포인트는 카피에 활용하되, 특성은 상세 설명에 넣는다.

피부 탄력에 도움을 주는 화장품을 판매하는 상세 페이지를 작성하려고 하는데 어떤 내용이 들어가면 좋을까?

피부 탄력에 도움을 주는 화장품을 판매하는 상세 페이지를 작성할 때, 고객이 관심을 가질만한 다양한 요소를 포함시킬 수 있습니다. 다음은 상세 페이지에 포함시키면 좋은 내용들입니다:

1. 제품명 및 간단한 소개

- **제품명**: 피부 탄력 개선 세럼
- **간단한 소개**: 피부에 생기와 탄력을 주는 혁신적인 세럼입니다. 깊은 보습과 영양을 공급하여 탄력 있는 피부를 만들어줍니다.

2. 제품의 주요 성분

- **성분 리스트**: 콜라겐, 엘라스틴, 히알루론산, 비타민 C, 펩타이드 등
- **성분의 효과**: 각 성분이 피부 탄력에 어떤 도움을 주는지 간단히 설명합니다. 예를 들어, 콜라겐이 피부 탄력성을 높이고, 비타민 C가 피부 톤을 고르게 해주는 등의 정보를 제공합니다.

챗GPT를 활용할 때는 제품의 상세한 설명을 바탕으로 상세 페이지 항목을 묻는다. 그러면 챗GPT는 제품의 주요 효과, 사용 방법, 사용 권장 사항, 고객 후기, 차별점, 패키지 정보, 가격, 구매 정보, 자주 묻는 질문, 인증 및 품질 보증, 연락처 및 고객 서비스 등을 포함하여 상세 페이지를 꾸미도록 조언한다.

챗GPT가 이 답을 바탕으로 상세 페이지를 구성해도 되지만, 셀링 포인트를 정해 질문을 이어가는 것도 좋다.

만약 셀링포인트를 부모님을 위한 선물로 정한다면, 상세 페이지는 어떻게 구성해야 할까?

부모님을 위한 선물로서 피부 탄력에 도움을 주는 화장품을 판매하는 상세 페이지를 구성할 때는, 제품의 효과와 품질을 강조하면서도 선물로서의 특성과 부모님을 위한 맞춤형 혜택을 부각시킬 수 있습니다. 다음은 상세 페이지 구성에 대한 제안입니다:

1. 제품명 및 선물 컨셉 소개

- **제품명**: 부모님을 위한 피부 탄력 세럼
- **선물 소개**: 소중한 부모님께 드리는 특별한 선물, 피부 탄력과 생기를 되찾아 드릴 고품격 세럼입니다.

2. 제품의 주요 성분 및 효과

- **주요 성분**: 콜라겐, 엘라스틴, 히알루론산, 비타민 C, 펩타이드 등
- **효과**: 피부 탄력을 높이고 주름을 개선하여 더 젊고 생기 있는 피부를 만들어주는 효과를 설명합니다.

3. 부모님을 위한 특별한 배려

- **안전성**: 민감한 피부를 고려한 저자극 제품으로, 피부과 테스트를 완료했습니다.
- **편안한 사용감**: 빠르게 흡수되며 끈적이지 않아 부모님이 편안하게 사용하실 수 있습니다.
- **부드러운 향**: 자연 유래의 은은한 향으로 부모님께 편안함을 제공합니다.

셀링 포인트를 지정해 다시 질문했더니, 챗GPT는 셀링 포인트를 포함해 다시 답을 제시했다. 그중에서도 세 번째 예시는 셀링 포인트를 이해하고 있고, 해당 맥락을 반영했다. 따라서 셀링 포인트를 정확히 지정하면, 더 정확한 답을 얻을 수 있다.

상세 페이지 작업은 외부에 맡겨도 되지만, 망고보드나 미리캔버스 같은 서비스를 활용해도 무방하다. 특히 제품 이미지를 빼고 다른 이미지는 이미지 생성 기능을 활

용해 만들어도 좋다. 생성한 이미지는 상세 페이지 편집 시 바로 이미지 소스로 활용할 수 있어서 작업을 간소화할 수 있으니 적극적으로 활용하길 바란다.

◆ 챗GPT로 상세 페이지용 카피 생성하기

상세 페이지에 들어갈 항목과 내용은 완성했어도 검색 시에 대중의 눈길을 단번에 사로잡을 수 있는 카피가 필요하다.

카피를 어떻게 작성해야 할지 기법을 잘 알고 있어도 고민스러운 게 카피다. 마음에 드는 카피를 정했다고 해도, 대중이 반응하지 않으면 의미가 없기 때문이다. 생성형 AI는 제3자의 입장에서 자료를 바탕으로 답해줄 수 있으니 카피를 작성할 때 활용하기에 좋다.

생성형 AI가 쓴 카피가 맘에 들지 않는다면, 스스로 작성하는 것도 좋다. 생성형 AI가 쓴 카피를 바탕으로 수정하는 것도 도움이 된다.

질문을 통해 얻은 카피가 맘에 들지 않는다면, 방향성을 정해 질문할 수도 있다. 예를 들어 가격대를 강조하는 카피를 쓰고 싶다면, 가격대에 대한 정보를 주고 이를 반영한 카피를 요청하는 것이다.

이 상세 페이지를 쇼핑몰에 올리려면 어떤 카피를 사용하면 좋을까?

쇼핑몰에 올릴 때 사용할 카피는 고객의 관심을 끌고, 제품의 가치를 명확하게 전달하는 것이 중요합니다. 부모님 선물용 화장품이라는 테마에 맞춰 감성적이면서도 효능을 강조한 카피를 추천드립니다.

메인 카피 (타이틀)

- "소중한 부모님 피부에, 탄력을 선물하세요"
- "피부 속 깊이 전하는 사랑, 부모님을 위한 탄력 크림"
- "부모님의 주름과 탄력을 위한 최고의 선택"

부제목 및 서브 카피

- "지친 피부에 활력과 젊음을, 부모님께 전하는 특별한 선물"
- "주름 개선과 탄력 강화로 피부 나이를 되돌리는 안티에이징 솔루션"
- "어버이날, 생신, 기념일에 마음을 담아 전하는 피부 관리 선물"

효능 강조 카피

- "콜라겐과 히알루론산으로 탄력 있는 피부로 되돌아가세요"
- "주름 개선과 피부 재생, 부모님께 젊음의 비밀을 선물하세요"
- "피부 깊숙이 영양을 채워주는 고농축 탄력 세럼/크림"

만약 저렴한 가격대의 강점을 반영해 카피를 보완해보면 어떨까?

저렴한 가격대라는 강점을 반영한 카피는 "효율적"이고 "가성비가 좋다"는 인상을 주면서도, 여전히 품질을 유지하고 있음을 강조해야 합니다. 가격이 낮더라도 부모님 선물로 충분히 가치 있는 제품이라는 인식을 심어주기 위한 방향으로 카피를 수정할 수 있습니다.

메인 카피 (타이틀)

- "부모님께 드리는 최고의 효도 선물, 합리적인 가격으로 준비하세요!"
- "가성비 최고! 부모님의 피부를 위한 탄력 케어"
- "부담 없이 전하는 사랑, 부모님 피부에 탄력을 선물하세요"

부제목 및 서브 카피

- "합리적인 가격으로도 가능한 프리미엄 피부 관리"
- "부모님 피부를 위한 탄력 크림, 가격 부담 없이 선물하세요"
- "품질은 높이고, 가격은 낮춘 안티에이징 솔루션"

효능 강조 카피

- "가격은 가볍지만 효과는 확실한 주름 개선과 탄력 강화!"
- "합리적인 가격대에 콜라겐, 히알루론산 등 고기능성 성분을 가득 담았습니다"
- "고품질 성분으로 피부 깊숙이 탄력을 채우는 완벽한 선택"

챗GPT를 비롯한 생성형 AI는 방향성을 반영해 질문하면 충분히 반영해서 결과물을 제공할 수 있다. 따라서 몇 번 시도해보고 맘에 들지 않는다고 마음을 접을 게 아니라, 요청 사항을 더 세세하고 명확히 전달한다.

AI

카드뉴스가 답이라고?: 인스타그램

◆ 나의 경쟁 계정은 무엇을 하고 있을까? 챗GPT를 활용해 인스타그램 시장 조사하기

SNS 마케팅의 기준은 인스타그램이다. 인스타그램에서 각종 콘텐츠가 끊임없이 공유되고, 반응 또한 넘쳐난다. 상당한 비중을 차지하는 건 역시 마케팅을 위한 계정으로, 반드시 광고를 담지 않고도 브랜드, 제품, 서비스에 관해 이야기하면 마케팅인 셈이다. 필자도 인스타그램에서 마케팅을 한다. 구매를 유도하는 방식은 아니지만, 스스로 가치 있다고 생각하는 콘텐츠를 만들어 올려 브랜딩을 진행한다.

그런데 인스타그램 마케팅은 쉽지 않다. 꾸준히 레퍼런스를 연구하고 콘텐츠를 제작해야 한다. 아무 콘텐츠나 올린다고 해서 결과가 나오는 게 아니다. 마케팅 방향성에 따라 가장 어울리는 콘텐츠를 만들어야 하는데, 만만치 않은 과정이다. 자신이 기획하는 콘셉트와 같은 계정이 있는지, 유사 제품이나 서비스를 다루는 경쟁자는 어떤 방향으로 인스타그램 마케팅을 진행하는지 시장 조사를 해야 하는데, 이 과정을 생성형 AI와 함께 시작할 수 있다.

꽃 정보를 다루는 계정으로 인스타그램 계정을 운영해보려고 하는데, 유사 마케팅 사례가 있을까? 그리고 꽃과 연관된 인스타그램 마케팅 사례는 뭐가 있을까?

꽃을 테마로 한 인스타그램 계정은 자연미, 감성, 시각적인 아름다움을 활용할 수 있어 매우 효과적인 마케팅 수단이 될 수 있습니다. 관련된 마케팅 사례를 살펴보면, 유사한 전략들이 꽃을 판매하거나 브랜드를 홍보하는 데 많이 사용되고 있습니다. 몇 가지 사례와 마케팅 전략을 소개하겠습니다.

1. 플로리스트 계정 및 꽃 가게

- **사례:** 유명 플로리스트나 꽃 가게의 인스타그램 계정들은 자신들이 만든 꽃다발, 꽃 장식 등을 감성적으로 표현한 피드를 운영합니다. 자연광을 활용한 사진 촬영, 세련된 배경, 계절감을 살린 테마 등이 주요 콘텐츠입니다.
- **전략:** 계절에 맞는 꽃이나 특정 이벤트(예: 결혼식, 발렌타인데이, 어버이날 등)를 테마로 한 포스트를 통해 특별한 기념일마다 고객들의 감성을 자극합니다. 또한, 정기 구독 서비스를 홍보하거나 DIY 꽃꽂이 튜토리얼을 제공하기도 합니다.

꽃과 연관된 스토어를 운영하는데 인스타그램을 통해 마케팅을 진행하기로 결정하고, 일단 시작 단계에서 사례를 찾으려 한다. "꽃 정보를 다루는 계정으로 인스타그램 계정을 운영하려고 하는데, 유사 마케팅 사례가 있을까? 그리고 꽃과 연관된 인스타그램 마케팅 사례는 뭐가 있을까?"라고 챗GPT에 물었다.

이 질문에 대한 답의 일부가 이미지 내용과 같다. 많은 항목을 제시했는데, 첫 번째 답이 예시로 설정한 사례와 가장 일치했다. 물론 챗GPT가 모든 플로리스트와 꽃 가게를 분석한 건 아니겠지만, 적어도 경쟁 대상이 어떤 콘텐츠를 업로드하는지는 알 수 있다. 만약 생성형 AI가 없었다면 해시태그를 따라 이동하며 일일이 자료를 수집해야 할 것이다.

생성형 AI가 말하는 시장 분석을 통해 그간 어떤 콘텐츠가 인스타그램에 올라왔는지 파악하고, 스스로 시도할 수 있는 콘텐츠와 운영 방식을 돌아보면 된다. 또한 생각했던 아이디어가 이미 존재한다면, 다른 방향성으로 조정하는 과정이 필요하다. 답변이 부족하다면, 구체적으로 생각했던 전략을 바탕으로 물어본다.

"만약 매일 꽃 손질법이나 꽃 관리법과 같은 콘텐츠를 인스타그램에 올리며 꽃집을 홍보하는 건 어떨까?"

구체적으로 전략에 대해 의견을 묻자 감성 마케팅으로 다듬는 과정, 아름답게 보관된 꽃을 보여주는 영상 등을 제시했다. 챗GPT가 인스타그램 감성을 이해하고 있다는 사실을 알 수 있다. 지정해둔 적 없던 스토리 기능에 대해서도 알아서 의견을 제시했다.

전반적인 시장 조사 측면에서 유사 인스타그램 사례 및 인스타그램 활용 예시에 관해 묻고, 구체적인 아이디어로 시장 조사를 마무리하면 된다. 구체적 아이디어가 없다면, 시장 조사를 통해 얻은 정보를 바탕으로 콘텐츠를 만들어 보는 것도 좋다. 중요한 건, 인스타그램에 뛰어들기 전 필요한 정보를 생성형 AI를 통해 얻어야 한다는 것이다.

◆ 챗GPT를 활용한 숏폼 소재 완성하기

카드뉴스 등 기존에 활용한 콘텐츠는 많이 소개되었으므로, 여기서는 숏폼에 대해 설명하겠다.

인스타그램에서 숏폼은 릴스를 의미한다. 하지만 플랫폼이 완전히 같은 유튜브 쇼츠, 틱톡 등에도 활용할 수 있고 네이버 클립에도 올릴 수 있으니, 하나만 만들어도 여러 곳에서 활용할 수 있다. 숏폼을 짧은 영상이라고만 생각하지 말고, 경제적 콘텐츠로 이해해도 좋다.

숏폼은 촬영보다 기획에 집중해 무료 영상 소스를 활용할 수도 있고, 기획보다 촬영에 집중해 현장성 있는 콘

4. 비주얼 중심의 감성 마케팅

- **이점**: 꽃은 시각적으로 아름다움이 큰 요소이므로, 관리 팁을 제공할 때도 비주얼에 중점을 두면 감성적인 콘텐츠로 팔로워들의 이목을 끌 수 있습니다. 꽃을 다듬는 과정, 아름답게 보관된 꽃을 보여주는 영상 등은 시각적으로 매력적입니다.
- **전략**: 꽃 관리법을 시각적으로 돋보이게 표현하면서도 감성적인 문구를 추가하여 팔로워들에게 감정적인 연결을 유도합니다.

5. 스토리 기능을 활용한 실시간 소통

- **이점**: 스토리 기능을 통해 실시간으로 팔로워들과 꽃 관리 팁을 공유하면 더 자연스럽고 친근한 느낌을 줄 수 있습니다. 스토리 하이라이트에 관리법을 카테고리별로 정리해두면 팔로워들이 쉽게 참고할 수 있습니다.
- **전략**: 스토리나 리엘스(Instagram Reels)를 통해 꽃을 관리하는 실제 모습을 보여주면 더 다가가기 쉽고, 팔로워들이 쉽게 따라 할 수 있습니다.

텐츠를 만들 수도 있다. 전자는 생성형 AI를 활용하는 마케팅에 어울린다. 후자는 생성형 AI가 촬영까지 해줄 수 없으므로 활용하기 어렵다.

먼저 숏폼을 만들기 위해서는 콘텐츠 소재가 필요하다. 예를 들어 의류 제품을 소개하기 위해 다양한 의류 정보를 제공하는 인스타그램 채널을 운영한다고 가정해보자.

우선 챗GPT에 활용 방향성을 묻는다. "의류 제품을 홍보하기 위해 인스타그램 채널을 운영하려고 해. 일단 의류 관련 정보를 제공하며 팔로워를 모아보려고 하는데, 숏폼 영상을 올린다면 어떤 영상을 올릴 수 있을까?" 챗GPT뿐만 아니라 코파일럿, 제미나이 등 다른 생성형 AI를 활용해도 무방하다.

의류 제품을 홍보하기 위해 인스타그램 채널을 운영하려고 해. 일단 의류 관련 정보를 제공하며 팔로워를 모아보려고 하는데, 숏폼 영상을 올린다면 어떤 영상을 올릴 수 있을까?

메모리 업데이트됨

의류 제품을 홍보하기 위한 인스타그램 숏폼 영상 아이디어는 다양하게 구성할 수 있어. 여기 몇 가지 제안할게:

1. **스타일링 팁**: 같은 옷을 여러 스타일로 연출하는 영상. "하나의 옷으로 여러 가지 룩 만들기"처럼 테마를 정해 팔로워들이 실용적인 팁을 얻을 수 있게 해.
2. **OOTD(오늘의 착장)**: 매일 또는 특정 요일마다 오늘의 착장을 소개하는 영상. 간단한 전신 촬영과 포즈로 완성된 룩을 빠르게 보여줄 수 있어.
3. **패션 트렌드 소개**: 최신 패션 트렌드나 컬러를 설명하고, 트렌드에 맞는 아이템을 추천하는 영상을 통해 팔로워들에게 정보를 제공해.
4. **언박싱 & 제품 리뷰**: 의류 제품 언박싱 및 장단점 리뷰. 팔로워들에게 직접 체험한 느낌을 전달할 수 있어 신뢰를 줄 수 있지.
5. **패션 하울**: 시즌별 신상품이나 세일 제품을 한 번에 소개하는 영상. 여러 의류를 빠르게 입고 보여주는 방식이 좋을 것 같아.
6. **비하인드 신**: 화보 촬영이나 제품 제작 과정에서의 비하인드 영상을 올리면 브랜드의 스토리텔링 효과를 더할 수 있어.
7. **스타일별 아이템 추천**: 데일리룩, 오피스룩, 파티룩 등 상황에 맞는 스타일링 아이템을 추천하는 영상.

스타일링 팁, OOTD(오늘의 착장), 패션 트렌드 등 최근 의류 마케팅 흐름을 제대로 이해한 다양한 아이디어를 답했다.

구체적인 제품과 서비스를 활용해 질문하면 숏폼 관련 아이디어를 얻을 수 있다. 다량의 콘텐츠가 필요하다면 추가 질문을 이어가며 콘텐츠 주제를 계속 뽑아낼 수 있다.

숏폼 소재에 대한 리스트업이 완료되면, 대본이 필요하다. 직접 작성할 수도 있지만, 생성형 AI를 활용하는 것도 좋다. "최근 유행하는 패션 컬러에 대한 숏폼 영상을 제작하려고 해. 간단한 대본을 작성하면 어떨까?" 대화에서 제시한 주제 중 최근 유행하는 패션 컬러에 대한 아이템을 골라보았다.

[인트로: 3초] (밝고 트렌디한 음악과 함께 텍스트 등장)
"2024년 핫한 패션 컬러는?"

[장면 전환: 5초]
(화려한 컬러의 옷을 입은 주인공 등장)
"첫 번째 컬러는 '버터 옐로우'! 따뜻하면서도 밝은 톤으로 어디에나 매치하기 좋아요."

[장면 전환: 5초]
(다른 의상 착장)
"두 번째는 '시폰 핑크'! 부드럽고 사랑스러운 느낌으로 데일리룩에 딱이죠."

[장면 전환: 5초]
(다른 착장)
"마지막으로 '페일 블루'! 시원하고 차분한 분위기로 멋스러움을 더할 수 있어요."

[엔딩: 5초]
(카메라에 가까이 다가와 웃으며)
"이 컬러들로 여러분의 스타일에 변화를 줘보세요! 더 많은 트렌드 팁은 팔로우와 좋아요!"

깔끔한 대본이 나왔다. 다만 상황과 맞지 않는 지문은 촬영이 어렵다. 생성형 AI는 상황을 모두 알 수 없으니 설명해야 하고, 그렇게 대화를 이어가면 수정해준다. 각자의 상황은 다르니, 상황에 맞게 설명하면 된다.

상황을 설명하니, 챗GPT가 제시한 대본도 달라졌다. 이처럼 상세한 이야기를 더할수록 원했던 결과를 얻을 가능성이 높다.

[인트로: 3초]
(컬러풀한 패턴 배경 또는 패션 관련 무료 영상 클립)
텍스트/내레이션: "2024년, 주목해야 할 패션 컬러는?"

[첫 번째 컬러: 5초]
(밝은 옐로우 계열의 의류를 입은 모델이 걷는 영상 또는 배경 화면에 옐로우 컬러 블록)
텍스트/내레이션: "첫 번째는 버터 옐로우! 따뜻하고 밝은 분위기를 연출할 수 있어요."

[두 번째 컬러: 5초]
(핑크 계열 옷을 입은 모델의 무료 영상 클립 또는 핑크 톤 배경)
텍스트/내레이션: "두 번째는 시폰 핑크! 부드러우면서도 사랑스러운 느낌을 완성할 수 있죠."

[세 번째 컬러: 5초]
(블루 계열 의류나 블루 계열 배경이 나오는 클립)
텍스트/내레이션: "세 번째는 페일 블루! 차분하고 시원한 느낌을 더해주는 색상이랍니다."

[엔딩: 5초]
(여러 컬러가 섞인 배경 화면이나 옷장에서 다양한 옷을 꺼내는 무료 영상)
텍스트/내레이션: "이 컬러들로 당신의 스타일을 새롭게 바꿔보세요! 더 많은 트렌드 팁은 팔로우와 좋아요로 확인하세요."

대본이 완성되었다면, 이를 활용해 영상을 생성한 후 릴스로 활용하면 끝이다.

◆ 챗GPT를 활용한 인스타그램 콘텐츠 본문 작성하기

인스타그램을 활용하는 대개의 사람들은 사진이나 영상에 집중하므로 본문을 주의 깊게 살펴보는 경우는 드물다. 그래도 인스타그램 계정 브랜딩에 영향을 미치므로 잘 작성해야 한다. 특유의 톤이나 스타일로 관심을 불러 모으는 계정도 많은데, 사진과 영상 콘텐츠 때문이기도 하지만 본문 스타일이 명확해 주목받기도 한다. 따라서 인스타그램 계정은 본문이 가진 매력이 중요하다.

본문은 생성형 AI를 활용해서도 쓸 수 있다. 생성형 AI를 활용하기 전에 주의할 사항이 있다. 하나는 줄바꿈이다. 생성형 AI가 내놓은 해답을 읽어본 후, 문단을 나누듯 줄바꿈해서 내용을 나눠야 한다. 또 다른 하나는 해시태그다. 해시태그 역시 생성형 AI가 알아서 지정해주지만, 본문 내용 중 강조해야 할 키워드는 당사자가 가장 잘 알고 있다.

생성형 AI에 대화창을 활용해 "이 숏폼 게시물을 인스타그램에 올릴 때 쓸 본문 내용이 필요해"라며 본문 생성을 부탁하면 된다. 외부에서 콘텐츠 제작을 진행한 후 본문만 생성형 AI를 활용하는 경우에는, 콘텐츠 내용을 설명하거나 콘텐츠를 업로드할 수도 있다.

줄바꿈을 해서 가독성을 높이고, 필요 없어 보이는 내

"2024년 트렌디한 패션 컬러는? 🌈"

버터 옐로우, 시폰 핑크, 페일 블루!
올해는 따뜻하면서도 세련된 색상이 대세입니다.
이 세 가지 컬러로 여러분의 스타일을 한 단계 업그레이드해보세요! 💛💗💙

어떤 컬러가 제일 마음에 드나요? 댓글로 알려주세요! 👇
더 많은 스타일링 팁이 궁금하다면 팔로우와 좋아요 부탁드려요! 💖 #패션트렌드 #2024패션 #컬러스타일링 #데일리룩 #옐로우룩 #핑크패션 #블루패션 #트렌디룩 #패션스타일 #인스타패션
#ootd #패션꿀팁

용은 과감히 삭제하며, 브랜드명과 같이 강조해야 하는 해시태그를 더해주면 완성이다.

생성형 AI가 제시하는 해답이 아쉬워 보일 수도 있지만 생성형 AI는 업데이트를 통해 더 강해질 것이며, 질문을 바탕으로 점점 더 나은 해답을 제시할 것이다.

나에겐 4가지 도구가 있다: 블로그

◆ 챗GPT, 클로드, 퍼플렉시티로 블로그 글 쓰기

블로그는 중요한 뉴미디어다. 디지털마케팅의 중심으로 평가받는 데는 그럴 만한 이유가 있다. 유튜브에서 정보를 검색하는 사람도 많지만, 여전히 검색의 중심은 포털이다. 블로그에 의미 있는 포스팅을 올리면, 관련 키워드 검색 수요를 흡수해 노출 효과를 기대할 수 있다.

잘 짜인 텍스트 정보는 신뢰감을 준다. 채널을 신뢰하면, 반복적으로 접근해 콘텐츠를 소비할 것이다. 유튜브 채널을 구독하거나 인스타그램 채널을 팔로하는 것처럼, 신뢰도가 쌓이면 블로그로도 정보를 받아 보는 사람이 많다.

한편 네이버 역시 생성형 AI에 집중한다. 검색 결과만 표출하는 게 아니라 생성형 AI로 네이버 서비스를 연결하는데, 블로그는 생성형 AI 서비스의 영역에 속한다. 네이버 블로그에 대한 오해가 있는데, 블로그는 멈춰 있는 뉴미디어가 아니다. 어뷰징(잘못된 방향으로 노출을 노리는 포스팅)은 걸러내고, 좋은 포스팅은 노출시키려 끊임없이 알고리즘을 손보고 있다. 정보를 검색하는 대중의 움직임까지 반영해 블로그 마케팅 성과를 끌어올릴 수 있도록 노력한다. 그러니 블로그는 '예전 미디어'가 아니라, 디지털마케팅을 진행한다면 꼭 신경 써야 할 대상이다.

그런데 중요성을 알면서도 블로그를 운영하지 못하는 경우가 많다. 긴 글을 쓰는 데 부담을 느껴서 포기한다는 사람을 많이 보았다. 포스팅 하나만 올린다고 해결되는 게 아니라, 포스팅을 계속 업로드하는 건 어려운 일이다. 노골적인 마케팅 메시지로는 블로그가 긍정적 결과를 내지 못하므로, 콘텐츠를 기획해서 글을 포스팅해야 한다.

이때 활용할 수 있는 게 챗GPT다. 소재를 제안받을 수도 있고, 소재에 대한 글을 요청할 수도 있다. 대개는 대화를 통해 소재를 먼저 찾고, 구체적인 소재로 글을 쓰게끔 하는 게 좋다. 소재를 찾는 과정을 거치지 않으면 추상적인 글을 내놓을 수도 있다. 예를 들어 "게임 회사의 신작 게임을 홍보하는 블로그 글을 쓰려고 하는데 어떤 소재가 좋을까?"라는 질문을 던졌다고 하자.

> 게임 회사의 신작 게임을 홍보하는 블로그글을 쓰려고 하는데 어떤 소재가 좋을까?
>
> 신작 게임을 홍보하는 블로그 글을 작성할 때, 독자의 관심을 끌고 게임에 대한 흥미를 유발할 수 있는 몇 가지 소재를 사용할 수 있습니다. 아래는 고려할 만한 몇 가지 아이디어입니다.
>
> **1. 게임의 스토리 및 세계관 탐구**
>
> - **소개**: 신작 게임의 독특한 스토리나 세계관을 깊이 탐구하는 글을 작성하면, 플레이어들이 게임에 몰입할 수 있는 요소를 강조할 수 있습니다.
> - **소재**: "이 게임의 세계는 어떻게 만들어졌을까?", "스토리의 주요 캐릭터와 그들의 배경" 등.
>
> **2. 개발 과정 및 제작 비하인드 스토리**
>
> - **소개**: 개발자의 인터뷰나 게임이 만들어지는 과정에서의 흥미로운 이야기를 공유하는 글은 플레이어들에게 더 큰 신뢰와 호기심을 줄 수 있습니다.
> - **소재**: "우리가 이 게임을 만들기까지의 여정", "기술적 도전과 해결 과정" 등.
>
> **3. 게임플레이 및 주요 기능 설명**
>
> - **소개**: 게임의 주요 특징과 독창적인 메커니즘을 강조해 다른 게임과의 차별점을 부각시킬 수 있습니다.
> - **소재**: "이 게임만의 혁신적인 전투 시스템", "모든 플레이어가 열광하는 새로운 게임 모드" 등.

포괄적 질문으로 기본적인 답을 얻었다면, 제품이나 서비스의 구체적인 요소를 언급하며 세부적으로 소재를 제안받으면 된다.

블로그는 한 번 포스팅하고 끝나는 작업이 아니므로, 대화를 나누는 이력이 모두 소재가 될 수 있다. 그리고 지속적인 업로드 아이템 발굴에도 도움이 된다. 예를 들어 다음과 같이 구체화할 수도 있다. "이 게임은 액션 게임이야. 배경은 1980년대고, 캐릭터가 악당을 물리치는 게임이지. 특히 아트 디렉션은 레트로한 느낌을 살렸어. 이 경우 레트로한 콘셉트에 초점을 맞춰 블로그 글을 쓰면 어떨까? 2,000자 정도로 추천해줘."

> 이 게임은 액션 게임이야. 배경은 1980년대고, 캐릭터가 악당을 물리치는 게임이지. 특히 아트 디렉션은 레트로한 느낌을 살렸어. 이 경우 레트로한 콘셉트에 초점을 맞춰 블로그 글을 쓰면 어떨까? 2000자 정도로 추천해줘.
>
> 메모리 업데이트됨
>
> **제목: 1980년대의 향수를 담은 레트로 액션 게임, 새로운 히어로의 탄생!**
>
> 1980년대의 화려한 문화와 특유의 감성을 담아낸 액션 게임이 등장했습니다. 이 게임은 현대적인 기술과 레트로한 미학이 완벽하게 결합된 작품으로, 플레이어들에게 과거의 향수를 불러일으키며 동시에 새로운 액션 경험을 선사합니다. 게임의 배경은 1980년대, 아날로그 감성과 디지털 세계가 교차하던 시대를 재현하고 있으며, 플레이어는 이 속에서 악당을 물리치며 영웅이 되어갑니다. 특히, 게임의 **아트 디렉션**은 그 시절의 감성을 정교하게 재현하여 그 시각적 경험만으로도 충분한 몰입감을 제공합니다.
>
> **1. 레트로 미학의 부활**
>
> 이 게임의 가장 큰 매력 중 하나는 바로 1980년대의 비주얼과 사운드를 현대적인 방식으로 되살려냈다는 점입니다. 픽셀 아트와 고전적인 2D 그래픽은 당대 아케이드 게임의 황금기를 연상시키며, 그때의 감성을 세련되게 다듬었습니다. 80년대의 형광색 네온 조명, 복고풍 패션, 오락실 분위기는 플레이어로 하여금 그 시대의 추억 속으로 빠져들게 합니다. 특히, 캐릭터 디자인과 배경 화면에서 보이는 화려한 색채와 디테일은 시각적인 즐거움을 극대화시킵니다.

장르, 게임의 내용, 배경, 아트 디렉션까지 언급했다. 제품명만 더해 편집하면 그대로 사용해도 될 정도로 괜찮은 글이 생성되었다.

챗GPT와 함께 클로드(claude)와 퍼플렉시티도 함께 알아두면 좋다. 특히 클로드는 글 작성이 강점이므로 블로그에 적극적으로 활용해도 좋다.

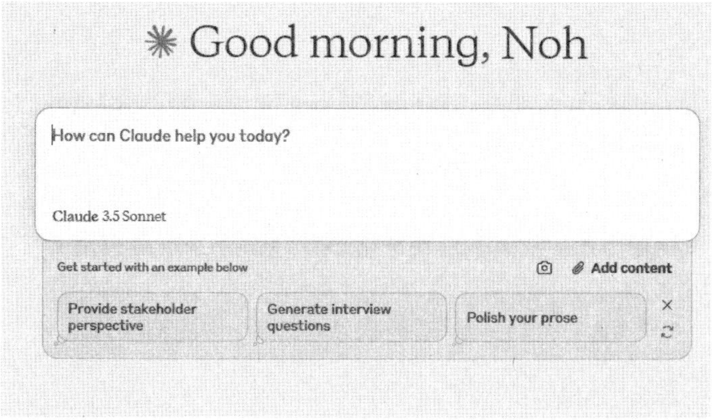

클로드는 영어로 되어 있지만, 화면만 영어일 뿐 한국어로 물어도 상관없다. 챗GPT를 활용하는 것과 같은 방식으로 글 작성을 요청하면 된다.

클로드는 한국어 처리가 유연하게 이루어져서 챗GPT가 작성한 글보다 자연스럽게 읽힌다. 또한 긴 글을 처리하는 능력이 좋다. 긴 글을 작성할 뿐 아니라 요약할 때도 강점이 있다. 챗GPT에 비해 글 표현이 다양하다는 것 또한 강점이다.

80년대 감성의 레트로 액션 게임에 대한 글을 쓰는 이유, 배경지식에 대한 포괄적 접근이 인상적이다. 이렇듯 용도나 글 방향성, 원하는 톤에 맞게 챗GPT와 클로드를 병행해서 활용한다.

퍼플렉시티는 화면이 챗GPT와 비슷해서 친숙하게 접근할 수 있다. 퍼플렉시티 역시 글을 쓰는 마케팅 업무에서는 활용도가 높다.

80년대의 향수를 깨우는 레트로 액션 게임: 네온의 도시를 누비다

안녕하세요, 게임 애호가 여러분! 오늘은 최근 화제가 되고 있는 레트로 스타일의 액션 게임에 대해 이야기해보려 합니다. 1980년대를 배경으로 한 이 게임은 현대의 기술로 과거의 감성을 완벽하게 재현해냈습니다. 그럼 이 게임의 레트로한 매력에 대해 자세히 살펴보겠습니다.

시간을 거스르는 비주얼

이 게임의 가장 큰 특징은 단연 80년대 감성을 그대로 담아낸 비주얼입니다. 픽셀 아트를 기반으로 한 그래픽은 옛 게임기의 향수를 불러일으키면서도, 현대적인 터치로 세련되게 다듬어졌습니다. 네온사인이 빛나는 도시의 밤거리, 복고풍 의상을 입은 캐릭터들, 그리고 당시 유행하던 전자제품들까지 - 모든 요소가 80년대로의 시간 여행을 가능케 합니다.

신스웨이브에 몸을 맡기다

게임의 사운드트랙 역시 레트로 콘셉트에 완벽히 부합합니다. 신스사이저의 웅장한 음색과 전자드럼의 리듬이 어우러진 신스웨이브 음악은 플레이어를 순식간에 80년대의 분위기로 끌어들입니다. 특히 보스전에서 울려 퍼지는 강렬한 비트는 긴장감을 고조시키며 게임의 몰입도를 한층 높여줍니다.

옛 감성의 게임플레이

게임플레이 측면에서도 레트로한 요소가 돋보입니다. 간단하면서도 중독성 있는 조작 방식은 아케이드 게임을 연상시킵니다. 레벨 디자인은 옛 게임들의 패턴을 참고하면서도 현대적인 난이도 조절을 통해 모든 연령대의 플레이어들이 즐길 수 있도록 설계되었습니다.

80년대 팝 컬처의 향연

게임 속 세계관은 80년대의 팝 컬처를 총망라합니다. 당시 인기 있던 영화, 음악, TV 프로그램 등에 대한 오마주가 곳곳에 숨겨져 있어 발견할 때마다 미소 짓게 됩니다. 이러한 요소들은 단순히 향수를 자극하는 데 그치지 않고, 젊은 세대들에게는 80년대 문화를 새롭게 경험할 수 있는 기회를 제공합니다.

← 80년대 감성의 레트로 액션 게임: 과거와 현재를 잇는 픽셀의 향연

80년대 감성의 레트로 액션 게임: 과거와 현재를 잇는 픽셀의 향연

여러분, 시간 여행을 떠나볼 준비가 되셨나요? 오늘 우리가 살펴볼 게임은 현대 기술로 만들어진 80년대 스타일의 액션 게임입니다. 네온사인이 빛나는 거리, 신디사이저 음악이 울려 퍼지는 아케이드, 그리고 어깨에 힘을 주고 걸어다니던 사람들의 모습이 떠오르시나요? 이 게임은 바로 그 시대의 감성을 고스란히 담아냈습니다.

레트로 게임의 매력: 왜 우리는 과거를 그리워하는가?

80년대 게임들이 가진 독특한 매력은 무엇일까요? 제한된 기술로 인한 단순한 그래픽과 사운드가 오히려 상상력을 자극했습니다. 픽셀 하나하나가 의미를 가지고, 단순한 비트음이 마음을 울렸죠. 이런 레트로 게임의 매력은 단순히 향수에만 머물지 않습니다. 오히려 현대 게임의 복잡함에 지친 게이머들에게 신선한 경험을 선사합니다.

픽셀 아트의 부활: 적은 것이 더 많은 것

이 게임의 가장 큰 특징은 바로 픽셀 아트입니다. 고해상도 그래픽에 익숙해진 우리 눈에 픽셀 아트는 어떻게 다가올까요? 놀랍게도, 이 거친 듯한 그래픽이 주는 매력은 강렬합니다. 제한된 픽셀 안에서 캐릭터의 개성을 표현하고, 배경의 분위기를 담아내는 기술은 그야말로 예술입니다. 각 픽셀은 그저 화면의 한 점이 아니라, 작가의 의도가 담긴 붓터치와도 같습니다.

퍼플렉시티에도 같은 조건을 활용해 글을 요청했더니, 문화적 배경이나 기타 지식까지 제시하며 풍성한 글을 완성했다. 퍼플렉시티는 챗GPT에 비해 문체가 자연스러워 사람이 작성한 것 같은 느낌을 준다. 조건에 따라 방대한

배경지식을 글에 반영하는 것도 강점이다.

◆ 네이버 큐:로 블로그 글 쓰기

네이버 큐로도 블로그 글을 쓸 수 있다. 많은 블로그 사례를 수집해놓았기에 네이버 블로그에 접근하는 사람에게는 좋은 데이터베이스를 제시할 수 있다.

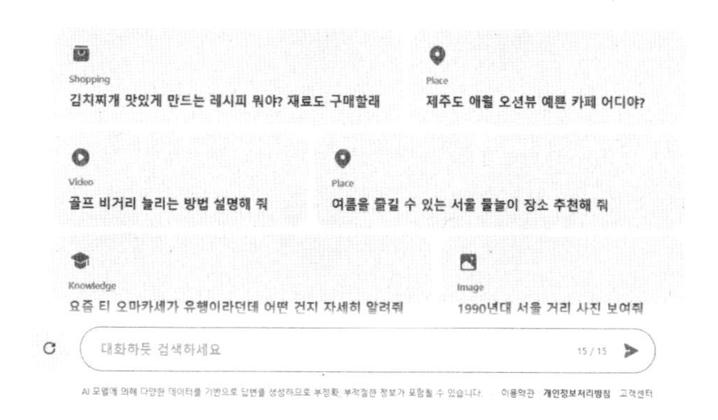

큐는 대화하듯 검색하거나 요청하면 된다. 네이버와 가까이 있어서 접근성이 좋다. 포털 검색 말고 대화를 통

해 정보를 획득하는 습관을 들여보는 것도 좋겠다.

cue:

액션 게임 소개글을 작성해보겠습니다.

제목 : [게임 이름] 리뷰 - 레트로 감성의 액션 게임!

[게임 이름]은 레트로한 분위기와 함께 강렬한 액션을 즐길 수 있는 게임입니다.

1980년대를 배경으로 한 이 게임에서는 주인공이 다양한 적들을 물리치고 모험을 떠나게 됩니다. 그래픽은 레트로한 느낌을 살리면서도 세련된 디자인으로 구성되어 있으며, 캐릭터들의 움직임과 전투 장면은 매우 생동감 있게 구현되어 있습니다.

게임의 스토리 또한 매력적입니다. 주인공은 어떤 사건을 계기로 악의 세력과 맞서게 되며, 이를 해결하기 위해 여러 가지 미션을 수행해야 합니다. 이러한 과정에서 플레이어는 게임의 세계관과 인물들에 대해 더욱 깊이 이해하게 되고, 몰입감을 높일 수 있습니다.

전투 시스템은 단순하면서도 직관적입니다. 주인공은 다양한 무기와 스킬을 사용하여 적들을 공격할 수 있으며, 상황에 따라 적절한 전략을 구사해야 합니다. 또한, 보스와의 전투에서는 보다 강력한 스킬과 전략을 필요로 하며, 이를 통해 성취감을 느낄 수 있습니다.

[게임 이름]은 레트로한 분위기와 함께 강렬한 액션을 즐기고 싶은 분들에게 추천드립니다. 게임의 스토리와 그래픽, 그리고 전투 시스템까지 모두 만족스러운 경험을 선사할 것입니다. 지금 바로 다운로드하여 즐겨보세요!

큐에도 동일한 조건으로 블로그 글 작성을 요청했다. 큐 역시 맥락을 이해하고 조건에 맞게 글을 작성했다. 다만, 클로드나 퍼플렉시티보다는 읽을거리가 다소 부족해 보인다. 이런 경우에는 검토를 거쳐 보완하는 게 좋다.

예를 들어 1980년대나 레트로에 대한 설명이 없으므로 1980년대, 레트로 등의 키워드를 반영하면 글이 좀 더 풍성해질 것이고, 읽는 사람도 마케팅으로 인식하지 않고 오래 체류할 가능성이 높아진다.

생성형 AI가 작성한 글에서 아쉬운 포인트를 판단한 후,

생성형 AI에 요청할 수도 있다. "이 글에서 레트로에 대한 설명이나, 1980년대에 대한 이야기를 추가하면 어떨까?"

cue:

레트로란 과거의 문화나 제품을 현대적으로 재해석하여 즐기는 것을 말합니다. 예를 들어, 80년대 음악, 패션, 가전 제품 등을 현대적으로 재해석하여 다시 인기를 끌고 있습니다.

80년대는 컴퓨터 산업이 발전하기 시작한 시기로, 많은 사람들이 컴퓨터를 처음 접했던 시기이기도 합니다. 이런 이유로 80년대를 배경으로 하는 게임들은 당시의 문화와 분위기를 반영하고 있어 향수를 불러일으키기도 합니다.

이러한 레트로한 요소들은 게임의 재미를 더해주며, 유저들에게 색다른 경험을 제공합니다. 레트로한 분위기와 함께 강렬한 액션을 즐길 수 있는 게임으로는 "슈퍼 마리오 브라더스", "파이널 판타지" 시리즈 등이 있습니다.

이번에 소개할 게임인 [게임이름] 역시 레트로한 분위기와 함께 강렬한 액션을 즐길 수 있는 게임입니다. 80년대를 배경으로 한 이 게임에서는 주인공이 다양한 적들을 물리치고 모험을 떠나게 됩니다. 그래픽은 레트로한 느낌을 살리면서도 세련된 디자인으로 구성되어 있으며, 캐릭터들의 움직임과 전투 장면은 매우 생동감 있게 구현되어 있습니다.

[게임이름]의 또다른 특징 중 하나는 게임의 스토리입니다. 주인공은 어떤 사건을 계기로 악의 세력과 맞서게 되며, 이를 해결하기 위해 여러 가지 미션을 수행해야 합니다. 이러한 과정에서 플레이어는 게임의 세계관과 인물들에 대해 더욱 깊이 이해하게 되고, 몰입감을 높일 수 있습니다.

◆ 블로그는 제목빨? 챗GPT와 클로드로 포스팅 제목 정하기

블로그로 진입하는 과정에서 눈길을 끄는 역할을 하는 게 제목이다. 제목을 정하는 작업은 생성형 AI 활용에서 논쟁적 키워드다. 개인적으로는 블로그 글 제목을 생성형 AI로 작성하는 건 바람직하지 않다고 생각한다. 블로그 글 노출을 노릴 때 사용해야 할 전략적 키워드를 직접 정하고, 이 키워드를 반영해 제목을 정할 필요가 있기 때문이다. 따라서 생성형 AI 활용은 한계가 있다.

하지만 기업과 기관, 소상공인의 마케팅 목적 블로그

는 핵심 키워드가 점포명이나 기관명 등 고유명사인 경우가 많다. 그래서 키워드와 업종 키워드를 사용하면 제목을 충분히 정할 수 있다.

키워드의 영향을 많이 받는 경우에는 생성형 AI 활용을 권장하지 않는다. 또한 키워드 관련 분석 사이트를 매번 확인하며, 인기 키워드를 즉각적으로 반영해야 하는 경우에도 생성형 AI보다는 키워드 분석 결과를 신뢰하는 편이 나을 것이다.

방법은 어렵지 않다. 챗GPT를 활용했다면 블로그 글에 대한 대화창에 제목을 요청하면 된다.

블로그 제목은 게임의 레트로 감성을 강조하면서도 독자의 호기심을 자극할 수 있는 것이 좋습니다. 몇 가지 추천 제목은 다음과 같습니다:

1. **"1980년대의 감성을 되살리다: 레트로 액션 게임의 새로운 도전!"**
2. **"레트로한 80년대, 새로운 히어로가 탄생한다!"**
3. **"악당을 물리치는 레트로 영웅, 1980년대의 액션을 다시 만나다"**
4. **"레트로 감성 폭발! 1980년대를 배경으로 한 액션 게임의 매력"**
5. **"1980년대의 스타일과 현대 액션의 만남, 새로운 레트로 게임의 시작"**

이 중 하나를 선택해도 좋고, 게임의 특정 요소를 더 강조하여 변형할 수도 있습니다.

좋은 선택지가 나왔지만, 보완할 필요는 있다. 제목은 사람을 끄는 요소가 있어야 한다. 이는 트렌드에 따라 변하며, 사람들의 심리에 따라 새로운 방법이 나오기도 한다. 때로는 카피라이팅 기법의 영향을 받기도 하는데, 이런 요소를 생성형 AI가 적극적으로 판단하기에는 무리가 있다. 어쨌든 아이디어를 찾는다는 관점에서 검토해볼 만하다.

물론이죠. 블로그 글의 제목은 독자의 관심을 끌고 글의 내용을 잘 반영해야 합니다. 이 글에 어울리는 몇 가지 제목을 추천해 드리겠습니다:

1. "픽셀의 시간 여행: 80년대 감성으로 되살아난 현대의 레트로 액션 게임"
2. "8비트의 향수: 요즘 핫한 80년대 스타일 액션 게임의 비밀"
3. "과거와 현재의 완벽한 조화: 80년대 감성 액션 게임의 부활"
4. "레트로의 매력에 빠지다: 80년대 스타일 액션 게임 깊이 파헤치기"
5. "옛 감성 새 기술: 80년대 레트로 액션 게임의 현대적 재해석"
6. "단순함의 힘: 80년대 스타일 레트로 게임이 다시 뜨는 이유"
7. "추억의 조이스틱을 다시 잡다: 80년대 감성 액션 게임 탐구"

앞서 소개한 클로드와 퍼플렉시티도 제목을 정할 때 활용한다. 클로드에서 챗GPT와 똑같은 요청을 활용해 얻은 답을 보면, 전반적으로 챗GPT보다 표현이 유연하다.

AI

콘텐츠라면 다 OK, 콘티 등 기타 생성형 AI 활용 케이스

◆ 챗GPT로 광고 콘티 뽑기

콘티는 생성형 AI의 도움을 받을 수 있는 콘텐츠다. 콘티에 들어가는 많은 요소를 생성형 AI가 정리하면, 실행하는 부분만 담당해 콘텐츠를 완성하면 되는 것이다.

이때 유의할 점이 2가지 있다. 하나는 2개 이상의 콘티를 준비해야 한다는 사실이다. 광고 현장에서는 다양한 일이 벌어지고, 예상 못 한 상황에 부딪히기도 한다. 그런 경우에 대비해 2개 이상의 콘티를 준비해놓으면 빠르게 상황을 해결할 수 있을 것이다.

그렇다고 내용 자체가 완전히 다를 필요는 없다. 사소

한 부분이 틀어질 때 대비한 2안, 3안을 준비하라는 것이다. 예를 들어 특수효과를 줄이거나 다른 배경음악을 선택하거나 장면에 들어가는 이미지를 바꾼 차선책이 2안이 될 수 있다. 이렇게 사소한 부분이 틀어졌을 경우 빠르게 대처할 수 있는 콘티를 준비하면 된다. 예전에는 쉽지 않았겠지만, 이제는 생성형 AI가 있어서 추가적인 콘티를 만드는 작업을 손쉽게 수행할 수 있다.

또 다른 유의 사항은 콘티에 관여하는 다양한 요소에 관해 대화를 나누라는 것이다. 광고를 만들 때 화면이 전부일 것 같지만, 배경음악도 필요하고, 이미지가 필요할 수도 있다. 그러므로 생성형 AI와 배경음악이나 이미지를 미리 생성해둔다. 콘티에 관여하는 모든 요소를 설정할 수 있도록 대화를 진행해야 한다.

"새롭게 출시하는 탄산음료를 홍보하는 광고 콘티가 필요해"라고 질문했다고 하자.

제품이나 서비스의 특징만 전달할 수 있다면, 장소와 컷 설명까지 포함한 상세 콘티를 생성할 수 있다. 장면에 들어갈 자막과 음향까지 포함한 완성형 콘티다. 이런 방식으로 콘티를 2~3개 정도 설정해 예기치 못한 상황에 대비한다.

광고 콘티: "폭발하는 청량감, 새 탄산음료의 시작!"

장면 1: 도시의 뜨거운 여름

- **장소**: 햇빛이 쨍쨍한 대도시 거리. 더운 날씨에 지친 사람들이 거리를 걷고 있다.
- **컷 설명**: 카메라는 천천히 흐르며 사람들의 지친 표정을 클로즈업. 날씨의 뜨거움을 강조하며 긴장감을 고조시킴.
- **음향**: 배경에는 선풍기 소리, 사람들이 더워서 헐떡이는 소리.
- **자막**: "더운 날, 지친 일상..."

한편 러프한 느낌의 콘티를 두고 세부 사항에 대해 대화하면서 하나씩 채워나가면 콘티를 완성할 수 있다. 배경음악을 결정하기 위해 다시 대화를 나눴다.

배경음악은 광고의 분위기를 강화하고, 제품의 이미지와 잘 맞아야 합니다. 탄산음료 광고에서는 청량함과 에너지를 강조해야 하므로, 다음과 같은 음악 스타일을 고려해볼 수 있습니다.

1. 신나는 일렉트로닉 음악 (Electronic Dance Music, EDM)

- **특징**: 경쾌하고 빠른 비트, 에너지를 강조하는 전자음악은 청량한 음료의 상쾌함과 잘 어울립니다.
- **추천 이유**: 음료를 마시는 순간의 시원함과 함께 화면의 활기를 극대화할 수 있습니다.
- **예시**: Avicii, Calvin Harris 같은 아티스트의 경쾌한 EDM 트랙.

챗GPT 답변의 일부다. 5가지 주제로 배경음악을 추천해주었는데, 그중 일렉트로닉 음악의 추천 이유와 함께 아티스트까지 예를 들어놓았다. 상세한 답변을 받으면 음악을 검토한 후에, 배경음악으로 쓸 만한 후보를 첨부하면 완성도가 높아진다. 이렇게 세부 사항을 하나씩 물어보며 대화하면 필요한 요소가 채워질 것이다.

◆ 주인공 성격 정하고 챗GPT로 대사 뽑기

다음은 대사 뽑기다. 이는 사실 직접적으로 마케팅과 연관된 영역은 아니다. 하지만 때로 광고에서 모델의 대사를 정하는 경우가 있다. 제품명이나 서비스명이 아니더라도 스토리라인을 이끌어가기 위한 대사가 필요한 순간이 있는데, 마케터가 작가 역할을 수행할 경우에 대비해 생성형 AI를 활용한 대사 뽑는 과정을 간단히 소개한다.

대사를 요청하려면 사전에 몇 가지를 정해야 한다. 우선 어떤 인물이 대사를 말하는지 생각한다. 인물에 대한 묘사는 자세할수록 좋다. 성격, 성별, 특성, 외모 등 다양한 조건을 결정해서 '캐릭터'를 설정해야 한다.

다음으로는 강조하고 싶은 점을 묻는다. 제품과 서비스의 어떤 점을 강조하고 싶은지, 제품 홍보를 위해 모델을 섭외했다면 모델이 꼭 해줬으면 하는 말을 정한다. 대사도 마찬가지여서 언급했으면 하는 요소는 사전에 정하고, 대사 생성 시 반영한다.

한편 사전에 설정한 콘텐츠의 길이도 염두에 두어야

한다. 10분짜리 영상에 대사가 두 마디뿐일 수 없고, 30초 짜리 영상에 대사가 50마디일 수는 없다. 이러한 조건을 생각하면 대사 생성은 매우 쉬운 작업으로 바뀐다. 예를 들어 "30초 분량의 스마트폰 광고를 기획하려고 해. 모델은 30대 남성, 슈트가 잘 어울리는 IT 전문직을 떠올리게 하는 캐릭터야. 이 캐릭터에게 스마트폰의 카메라 기능을 강조하는 대사를 맡기려고 하는데, 어떤 대사를 생각할 수 있을까?"라고 질문할 수 있다.

메모리 업데이트됨

이 캐릭터가 세련되면서도 실용성을 강조할 수 있는 대사로는 이런 문구를 생각해볼 수 있을 것 같아:

1. **"빠른 업무도 중요하지만, 순간을 담는 건 더 중요하죠. 이 스마트폰의 카메라라면 언제 어디서든 완벽한 순간을 포착할 수 있습니다."**
2. **"프로의 눈은 디테일을 놓치지 않죠. 이 스마트폰의 카메라라면, 모든 순간이 작품이 됩니다."**
3. **"한 순간도 놓치지 않는 선명함. 이 스마트폰이 있어야 내가 완벽할 수 있습니다."**

이런 대사는 IT 전문직의 세련된 이미지를 유지하면서 스마트폰 카메라의 성능을 자연스럽게 강조할 수 있을 거야.

판에 박힌 듯한 느낌이 들기도 하지만, 제시한 조건에는 부합하는 답을 줬다. 만약 인물이 늘어난다면, 주고받는 대화를 생각해볼 수도 있다. 이런 경우에는 새로운 인물을 추가해 조건을 더한 후 다시 요청하면 된다. "만약 IT

전문직 30대 남성 두 사람이 주고받는 대사로 기획하면 어떨까?"

[장면 시작: 두 남자가 커피를 마시며 대화를 나누고 있다. 한 명이 스마트폰을 꺼내며 말한다.]

남성 1:
"요즘 바쁘지? 나 어제 중요한 프레젠테이션 끝내고, 바로 휴가 떠나서 사진 좀 찍었지."

남성 2:
"그래? 너도 이제 좀 쉬어야지. 근데 사진은 뭐로 찍었어?"

남성 1:
"(스마트폰을 보여주며) 바로 이걸로. 이 카메라, 정말 끝내줘. 저녁에도 이렇게 선명하게 찍히더라니까."

남성 2:
"(웃으며) 그럴 리가... 진짜? 내가 한번 볼까?"
(남성 1의 스마트폰으로 사진을 확인하며)
"와, 이게 스마트폰으로 찍은 거라고? 디테일이 장난 아니네."

남성 1:
"밤에 찍었는데도 이 정도라니까. 이 카메라, 너도 써봐야 해."

남성 2:
"그러게, 나도 슬슬 바꿀 때가 됐나 보네."

대화의 형식이 바뀌니 대사도 달라졌다. 이런 식으로 새로운 인물을 추가해도 되고, 상황을 더할 수도 있다. 배경을 바꿀 수도 있을 것이며, 대사의 분량을 늘리거나 줄일 수도 있을 것이다. 원하는 대로 요청하면, 계속해서 새로운 대사가 나온다. 그대로 활용해도 좋고, 이 대사들을 모두 모은 후 2차적 편집을 통해 완성해도 좋은 결과를 기대할 수 있을 것이다.

◆ **마케팅 목표 정하고 챗GPT로 마케팅 기획서 뽑기**

마케팅은 도전정신이 통하지 않는 분야다. 그래서 마케팅 기획서가 필요하다. 의사결정권자에게 계획을 보고하고 동의를 이끌어내기 위해서다. 대행사가 고객사에 보고하는 경우에도 마찬가지다. "잘할 수 있다"는 말로는 고객사를 설득하기 어렵다. 제대로 된 문서로, 설득력 있는 주장을 펼쳐야 한다.

생성형 AI에 기획서를 작성하게 하려면 2가지가 필요하다.

하나는 마케팅 목표다. 마케팅 목표가 무엇인지 생각하고, 생성형 AI에 제시해야 한다. 구매를 유도할 수도 있고, 클릭을 많이 발생시키는 것일 수도 있으며, 불특정 다수에게 최대로 노출하는 게 목표가 될 수 있고, 기존 고객의 충성도를 높이는 게 핵심 과제가 될 수 있다. 이런 다양한 마케팅 목표를 검토한 후에, 현시점 마케팅을 통해 달성하려는 과제가 무엇인지 먼저 생각해야 한다.

또 하나는 플랫폼이다. 마케팅은 플랫폼을 통해 이뤄진다. 오프라인 마케팅이라면 마케팅을 진행하는 공간 혹은 광고를 게시할 장소가 있고, 디지털마케팅이라면 유튜브, 인스타그램, 블로그, 뉴스레터 등 다양한 플랫폼이 있다. 플랫폼에 따라 마케팅 기획서의 방향성이 달라질 수 있으니, 미리 정하고 작성해야 혼란을 방지할 수 있다.

예를 들어 경제 관련 구독 상품을 디지털마케팅을 통해 판매한다고 하자. 인스타그램 마케팅을 통해 기존 고객의 이탈을 방지하는 것이 목표다. "경제 관련 구독 상품을 판매 중이야. 특히 부동산에 대한 경제 정보를 제공하는 플랫폼이지. 기존 고객의 이탈을 방지하고, 구독 기간을 늘리는 마케팅을 인스타그램에서 진행하려고 해. 이에 대한 마케팅 기획서를 작성해줘."

메모리 업데이트됨

인스타그램에서 부동산 관련 경제 정보 구독 상품의 이탈 방지 및 구독 기간 연장을 위한 마케팅 기획서는 다음과 같이 작성할 수 있습니다.

1. 목표 설정

- **구독자 이탈 방지**: 인스타그램을 통해 기존 구독자들의 충성도를 높이고 이탈률을 X% 감소.
- **구독 기간 연장**: 인스타그램 캠페인을 통해 구독자들의 재구독률을 Y% 향상.
- **브랜드 인지도 강화**: 부동산 경제 정보 플랫폼의 인스타그램 채널을 통해 더 많은 신규 구독자 유입.

2. 고객 분석

- **기존 구독자 특성 파악**: 현재 구독자들이 주로 활동하는 SNS, 좋아하는 콘텐츠 유형(부동산 트렌드, 투자 전략 등) 분석.
- **이탈 고객 분석**: 구독을 해지한 고객들이 SNS에서 활동하는 패턴을 분석하여 이탈 원인을 파악.

그러자 기획서 내용에 대한 전반적인 구도를 잡아준다. 목표 설정에서 언급한 내용은 구체적인 수치만 정해 그대로 사용해도 된다. 생성형 AI에 기획서를 작성할 때 필요한 요소만 정확히 언급하면, 필요한 기획서 항목은 대부분 도출할 수 있다.

그러나 기획서는 챗GPT에 물어보는 것만으로 모든 걸 해결하긴 어렵다. 설득을 위한 정확한 수치, 기타 자료는 직접 추가해야 한다. 가장 중요한 뼈대를 생성형 AI가 정하면 실제 자료만 적용하면 된다.

*

생성형 AI를 활용한 마케팅을 실제로 어떻게 진행할 수 있는지, 플랫폼은 어떻게 활용해야 하는지 항목별로 정리해보았다. 생성형 AI는 사고하는 AI를 향해 발전해가고 있다. 하지만 수집한 데이터를 기반으로 해야 한다. 데이터와 경험, 인사이트를 통해 사고하는 인간과는 차이가 날 수밖에 없다. 마케팅 목표를 가장 경제적으로 달성할 수 있는 활용 방식을 찾길 바란다.

마치며

이제는 창의적 마케팅을 생성해야 할 때

생성형 AI를 활용한 마케팅이 긍정적 측면만 있다고 생각하진 않는다. 이미 책에서 문제점을 지적했고, 아직 드러나지 않은 문제점도 있을 것이다.

생성형 AI가 나오고 난 후, 공장처럼 디지털마케팅 광고를 찍어내는 게 가능해졌다. 이런 상황을 이겨내지 못하고 뉴미디어를 떠나는 대중도 많다. 마케팅 공해를 해결하지 못한다면, 분명 지금보다 영향력이 약해지는 뉴미디어도 속출할 것이다.

그렇다고 해서 생성형 AI를 마케팅에 활용하지 않을 순 없다. 세상 어떤 기술도 긍정적인 측면만 있진 않다. 부정적인 영향력을 줄이는 방법을 고민하고, 긍정적인 요소를 극대화하는 게 우리가 해야 할 일이다.

생성형 AI도 마케팅 공해를 극복하고 슬기로운 마케팅 환경을 만들어가는 게 과제다. 그러기 위해선 창의적 마케팅 생성을 생각해야 한다. 그간 습관처럼 사용한 방향성과 질문 방식을 내려놓고, 각자만의 방법을 만들어야 한다. 또한 생성형 AI와 대화하며 자신의 생각을 더해 창의적인 측면을 극대화해야 한다. 이런 노력 없이 생성형 AI를 활용한 마케팅은 빛날 수 없다. 새로운 트렌드에 진정으로 적응하는 방식을 고민해야 하는 시점이다.

필자 또한 생성형 AI를 마케팅에 활용하며 실무적으로 아이디어를 더할 수 있는 방법을 찾고 있었고, 직접 활용하며 얻은 인사이트를 전하고 싶었다. 그래서 책으로 정리해야겠다고 여겨서 세상에 내놓게 된 것이다. 책을 읽으며 고민의 흔적을 느낄 수 있다면 이 책의 목적은 달성했다고 본다. 이후 생성형 AI를 마케팅에 좀 더 많이 활용한다면, 책의 목표 이상을 달성했다는 기쁨을 느낄 수 있을 것 같다.

물론 이 책에서 생성형 AI를 활용한 마케팅의 모든 측면을 다루긴 어려웠다. 시성비를 높일 수 있도록 핵심 내용만 전달하려 노력했다. 방대한 고민과 활용을 짧게 정리하는 작업은 쉽지 않았지만 어쨌든 마무리했고, 개인적으로는 보람을 느낀다.

생성형 AI를 바라보는 시각을 다변화하고, 이를 마케팅에 활용하며 창의적 방식을 끊임없이 고민할 수 있길 바라며 글을 마친다. '열쇠'는 늘 우리의 머릿속에 있다는 걸 잊지 말길 바란다.